職場の関係、学級経営にしても、第一に「時間を守る」こと、次に「場を清めること」、最後に「礼を正すこと」です。最初の２つが徹底されてこそ、最後の礼を正すことが生きてきます。そうした私の根底を流れるものは、本書で紹介している事例から、もしかするとにじみ出ているのかもしれません。

　この本は、きっと皆さんの毎日の学級経営のお役に立つはずです。多くの仕事に振り回されていた慌ただしい日々とさよならするときに、この本がお手元にあれば、何よりの幸せです。

そしていつか、本書を超えて　～守破離～

　まずは本書で、学級経営の基本型を習得しましょう。
　そして、いつかきっと、「自分ならこうするかな」「学級や子どもの実態からすると違うかな」という思いをもつ日がやってくるはずです。それが守破離の「破」の状態です。ルールが窮屈に感じたら変えてみましょう。
　いつか本書でお伝えするノウハウを超え、本書から離れていく時が必ずやってくるはずです。そこからが本当の意味での、先生ご自身の実践となるのです。
　その時には、今まで味わったことがないほどに、教師という仕事のやりがいや楽しさを実感できるはずです。きっと、皆さんが思い描いた「目指す教師像」に近い状態なのではないでしょうか。

2019 年 3 月
著者　村上仁志

本書の使い方

　本書の内容を、真似したり、コピーして使ったりすることで、学級担任の仕事がサクッと終わる、そんなノウハウを満載しました。

　先輩教師のノウハウを学ぶ機会や余裕のない若手教員の皆さんはもちろんのこと、若手のサポートをしたいと思いながら、そのための準備時間がとれないとお悩みのベテラン教員の手助けとしてもお役立てください。

　なお、ここで紹介する事例や資料は、筆者が勤務地で実践した内容に基づいています。地域により異なる点もございます。そうした場合には、地域の状況に合わせてアレンジしてご活用ください。

●コピーして使える　　◀コピーマーク

　実際の学級運営で使用できる掲示物やフォーマット等を例とともに示しています。拡大コピーする等してお使いください。実例を掲載しているので、該当学年に応じて言い回しを変えたり、ご自身のアイデアを加えたりしながら効果的に利用してください。

◆ Chapter1-05 より

◆ Chapter2-07 より

●分かりやすい紙面

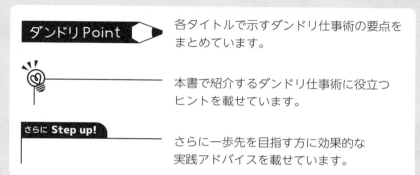

ダンドリPoint　　各タイトルで示すダンドリ仕事術の要点をまとめています。

本書で紹介するダンドリ仕事術に役立つヒントを載せています。

さらに Step up!　　さらに一歩先を目指す方に効果的な実践アドバイスを載せています。

● 3部構成で読みやすい

　1年間の業務の見通しをもとに、以下の3つのテーマで、学級経営における主な業務を分類し、各業務に取りかかりやすい配列にしています。

Chapter1　新年度スタート前後の仕事術
準備も業務も多い新年度を効率良くスムーズにこなすためのダンドリをプロセスに沿って紹介しています。

Chapter2　日々の学級経営の仕事術
混乱やトラブルを防ぎ、楽しく有意義な学級経営を行うために、さまざまな場面に応じたダンドリを紹介しています。

Chapter3　時期ごと・行事ごとの仕事術
行事や特別活動、保護者対応や所見の作成等、教師にとって重要で、より理解を深めておきたいダンドリを紹介しています。

　本書は、もくじに掲載している項目から、欲しい情報を選んで読むことができるように構成しています。

CONTENTS　もくじ

はじめに……………………………………………………………… 002
本書の使い方………………………………………………………… 004
もくじ………………………………………………………………… 006

Chapter1　新年度スタート前後の仕事術

01 理想の教師への第一歩を踏み出すために
ダンドリを意識し先手を打つ…………………………………… 014

02 1年間を着実に過ごすために
年間の見通しを立てる…………………………………………… 016

03 人は『見た目が大切』だから
第一印象でキメる！〜職場編〜………………………………… 018

04 新年度をスムーズにスタートさせるために
新年度の期間を3つに区切る …………………………………… 020

05 学級経営は始業式前の準備が肝心
担当決定から3日間の業務を整理してから取り組む ………… 022

06 黄金期に陥りやすい混乱を防ぐために
学級経営に必要なルールやきまりごとを
明文化して子どもと共有………………………………………… 028

07 学級経営の流れを決める重要な期間だから…
黄金の3日間の流れを把握する ………………………………… 030

08 子どもたちとの距離をグンと近づけるには…
第一印象でキメる！〜教室編〜………………………………… 032

09	子どもたちがすぐに仲良くなるために 学級びらきに友達をつくる演出を！	034
10	年度始めの配布物、連絡事項で混乱しないために 学級びらきから3日間は連絡票を教師が用意しよう	038
11	効率よく学級経営を進行させるために よく使う言葉はマグネットシートに！	040
12	気持ちの良い学校生活の基本だから… 挨拶を習慣にする	042

COLUMN1
誰にでも「新人」と呼ばれる頃がある……………………… 044

付録①　相互評価用紙 ……………………………………… 046

Chapter2　日々の学級経営の仕事術

01	リズム良くスムーズな1日を過ごすために 子どもが輝く、日直の仕事	048
02	給食時のトラブルを防ぐための秘策 - その① - 給食指導を制する！〜前編〜	050
03	給食時のトラブルを防ぐための秘策 - その② - 給食指導を制する！〜後編〜	052
04	"学級の荒れ"を防ぐために 学級ルールを明文化する	054

Chapter2　日々の学級経営の仕事術

05 おそうじタイムのトラブルを解消するために
　　掃除の仕方は明確に、役割分担をハッキリさせる……………… 058

06 ただ叱ってもはじまらない
　　子どもの自覚を促す忘れ物指導………………………………… 062

07 言葉を使わずに指示を伝えるために
　　視覚で伝えるハンドサイン……………………………………… 066

08 毎日使用し、教師と家庭を繋ぐ大切なものだから
　　連絡帳の目的と基本的な使い方を理解する…………………… 068

09 保護者が思わず感動する連絡帳!!
　　子どもが丁寧に記入する秘策…………………………………… 070

10 ［学年×10＋10］が目安
　　宿題は量とバランスが大事！…………………………………… 074

COLUMN2　ー子どもの日常観察のコツー
必須業務のついでに記録しよう！……………………………………076

11 楽しみながら社会性や自主性を育む工夫
　　ゲームを使って指導する………………………………………… 078

12 ゲームを使って楽しく学ぶ①…人の話を聞く力を育む
　　［船長さんの命令ゲーム］……………………………………… 080

13 ゲームを使って楽しく学ぶ②…教室の空気を明るく変える
　　［班でおえかきゲーム］………………………………………… 084

14	ゲームを使って楽しく学ぶ③…発言のルールを理解する [聖徳太子ゲーム]…………………………………………	086
15	ゲームを使って楽しく学ぶ④…授業にメリハリ！学習意欲も！ すき間時間にゲームをしよう…………………………………	088
16	ゲームを使って楽しく学ぶ⑤…話す力を育む [おもしろ作文ゲーム]………………………………………	090
17	どの学年でも使える！図工の鑑賞指導の工夫 作品鑑賞用紙を活用する………………………………………	092
18	学級の雰囲気を考えることは大切だから 席替えは学びの環境を重視する………………………………	094
19	騒がずに落ち着いた対応がトラブルを減らす 紛失時は冷静に対応を…………………………………………	098
20	割れ窓理論から考える荒れの予兆をすばやくキャッチ 学級の荒れは原因から取り除く！……………………………	100
21	保護者からの苦情は、はじめが肝心 初期対応は対面か電話で!!……………………………………	102

COLUMN3
テストにまつわるエトセトラ………………………………106

付録② 授業や行事の感想・振り返りシート ………………110

Chapter3　時期ごと・行事ごとの仕事術

01 はじめての授業参観を成功させるために
おすすめは国語の音読発表会！ ……………………………… 112

02 充実した家庭訪問のために
家庭訪問３点セットを使う ……………………………………… 114

03 遠足・校外学習のスムーズな進行のコツ
校外学習は事前準備と指導が大切！ …………………………… 118

04 安全な水泳指導のために
２人１組のバディシステム ……………………………………… 120

COLUMN4　水泳指導のコツ
動画で指導の流れをつかもう！ ………………………………… 123

05 「解決志向」でいじめ防止！
友達の良いところを探す活動 …………………………………… 124

COLUMN5　いろいろ使えて役に立つ
おみくじを作ろう！ ……………………………………………… 127

06 子どもの成長や、トラブルの予兆に気づくために
［振り返りシート］を活用する ………………………………… 128

07 子どもの状況をより深く理解するために
［こころの通知表］を使おう …………………………………… 134

08 業務の総まとめで教師も保護者も満足度 UP
懇談会資料・通知表の作成 ……………………………………… 136

09 ポイントを押さえて、保護者も子どもも納得！
通知表［所見］作成の実際……………………………… 138

10 子どもを正しく評価し、やる気を引き出す
成績評価は幅広い観点で！…………………………… 142

11 保護者が満足する個人懇談会（面談）
子どもの伸びと課題を共有する……………………… 146

12 道徳の授業を豊かなものにするために
子どもの心の成長を記録する………………………… 150

13 新学期までに子どものモチベーションを奮い立たせる
新学期が楽しみになる［魔法のハガキ］…………… 152

14 慌ただしい年度末をスッキリと乗り切るために
冬休み前から年度末を意識…………………………… 154

15 失敗は怖くない！経験があなたの力量を上げる!!
力量形成のため新たな1年間の見通しを立てる ……… 156

おわりに…………………………………………………………… 158

Chapter 1
新年度スタート前後の仕事術

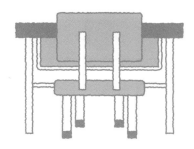

Chapter1 新年度スタート前後の仕事術

理想の教師への第一歩を踏み出すために

01 ダンドリを意識し先手を打つ

仕事を効率よく進めるためにダンドリはとても大事。そして、先輩の先生方のやり方にはダンドリのためのヒントがたくさん詰まっています。

ダンドリPoint

本書は『学級担任の業務をいかに効率良くこなしていくか』ということについて、現役教師の経験をもとに整理統合したダンドリ術を紹介するものです。ダンドリを意識しながら業務の実際を想定し、できることは先取りして進めていきましょう。

小学校学級担任に求められていること

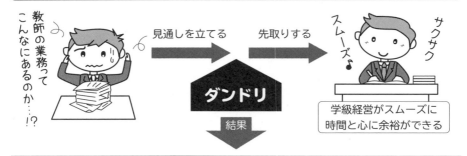

◆子どもに目を向ける時間の増加
　子どもの成長や変化をすばやく察知することができるので、丁寧な指導ができる。

◆トラブルの予防・早期対応
・子どものつまづきやトラブルの原因に対して早期に対処でき、スムーズな学級経営ができる。
・トラブルに備えることで、いざというときに、迅速・適切に対応することができる。

日々のスケジュールをスムーズに、着実にこなしていくことが学級経営成功への近道！
より良い学級経営は、子どもたちの資質・能力の向上のための基盤になる大切なもの！

ダンドリのはじめの一歩は
バックキャスティング
将来あるべき本来の姿から逆算して計画を立てること

　将来あるべき姿を考えて計画を立てることをバックキャスティングといいます。これは、国連の持続可能な開発目標SDGsでも用いられる手法で、計画を達成するためにダンドリを組み立てて、作業にまで落とし込んでいくものです。

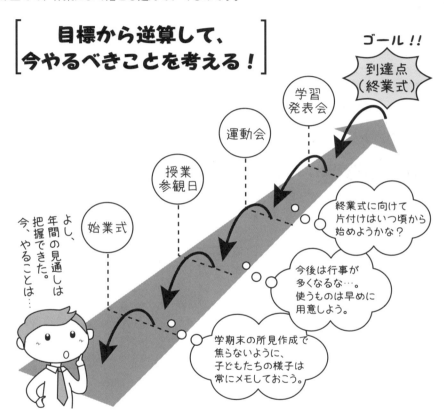

　ベテラン教師の学級でも荒れは発生しています。難しい時代であるといえますが、それまで「勘」で乗り切っていたことが何らかの理由で「勘」だけではうまくいかなかった、という場合が多いようです。うまくいかなかったときの精神的な負担や苦痛は計り知れません。
　このような事態にならないために業務の流れを具体的に見える化し、トラブルを想定しながらダンドリ良く進めることができれば、常に落ち着いて学級経営を行うことができるでしょう。
　本書は、日々の学級経営をスムーズに行うための対策をダンドリ術として紹介しています。経験を積みながら、より良い学級経営のスキルを年々高めていってください。

Chapter1　新年度スタート前後の仕事術

02　年間の見通しを立てる
1年間を着実に過ごすために

全体の大きな流れからやるべきことを明確にして、優先順位をつけながら一つずつ業務をこなしましょう。

ダンドリPoint

　学校の1年間には、多くの行事や予定があります。これらの予定をこなしていくために、年間の流れを見通し、これからの業務を事前に把握しておきましょう。[見通し→計画→先取り実行] が『ダンドリ』には欠かせません。

今やるべきことを、常に意識する！

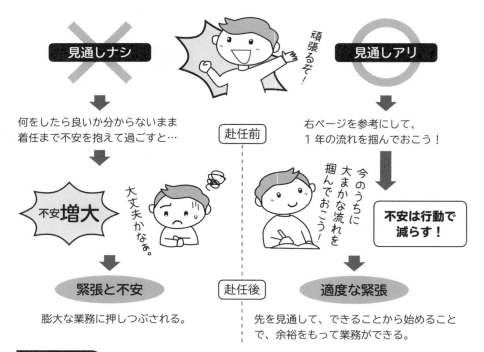

さらに Step up!

　不安から逃げていたら不安は募るばかりです。年間の業務を具体的に理解し、やるべきことを把握し、適度な緊張感をもち、一つずつ着実にこなしていく…。それがすべての基本です。

1年間のながれ

	主な行事や業務等
3月	新年度の準備
4月	学級・学年のルール作り
	始業式
	授業参観（国語が定石）
	保護者会（保護者会の流れ）
5月	家庭訪問
	学級の荒れの兆候の有無を確認
	校外学習（遠足計画各担当決めとしおり作成）
	運動会
6月	雨の日の指導
	プール開き：水泳指導
	学校公開日（授業参観の計画）
	通知表作成
7月	学期末個人懇談会（面談）
8月	夏休み
9月	2学期始業式
	運動会
10月	校外学習（社会見学）
11月	学習発表会
	作品展
	通知表作成
12月	学期末個人懇談会（面談）
	大掃除
1月	始業式
2月	授業参観・保護者会
3月	卒業式の準備
	終業式
	教室の片付けと新年度の準備

Chapter 1 新年度スタート前後の仕事術

Chapter1　新年度スタート前後の仕事術

03　人は『見た目が大切』だから
第一印象でキメる！〜職場編〜

教師の第一印象で大切なのは安心感・信頼感。
挨拶とスピーチは事前準備で落ち着いて臨みましょう。

ダンドリ Point

　教師の印象で大切なのは「落ち着いている人」という安心感・信頼感を持ってもらうことです。逆に、忘れ物をする・身だしなみが悪い・挨拶が思いつきでまとまりがない、というようなことでは自分の印象を悪くしてしまう恐れも。右のリストを使いポイントを押さえて、最高の第一印象を作り出しましょう。

第一印象をキメるには？

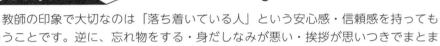

第一印象が良いと…　　　第一印象が悪いと…

はじめまして！
よろしくお願い致します。

落ち着いてハキハキと話す
簡潔な挨拶。

えっとぉ…
あのぉ…
名前はぁ…

思いつきでダラダラと話す
長い挨拶。

聞き手の印象は？

好感がもてる人で良かったわ！
簡潔で分かりやすい挨拶ね。
後でもっと話してみたい。

朝、慌てていたのかしら？
先が思いやられるわ…。
話が長くて何を言いたいのか
よく分からない。

挨拶文は事前に準備して、直前に見直します。
短くハキハキした挨拶が最高の第一印象を作ります。

「第一印象でキメる！」リスト

- ☐ 散髪・整髪スタイリング
- ☐ ビジネス用バッグ
- ☐ シャツやブラウス
  ・アイロンをかける
- ☐ 足元
  ・靴下は派手なものは避ける
  ・スカート丈は膝下
- ☐ ハンカチ
  ・アイロンをかける
- ☐ ティッシュ

落ち着いた印象を与えるための準備物

● 準備チェックリストで慌てない。

- ☐ **A4ノート2種類** ※メモ帳と週案などに使用
- ☐ **手帳** ☐ **鉛筆** ☐ **消しゴム** ☐ **定規** ☐ **下敷き** ☐ **ボールペン**
- ☐ **印鑑** ☐ **朱肉**
- ☐ **クリアファイル** ※支給された書類などを挟むときに使用
- ☐ **提出書類など**（クリアファイルに挟んでおく）

初対面からポイントが上がる挨拶

● これ以上長いと長話・自慢にみえてポイントが下がります。

はじめまして、＿＿＿＿＿＿＿＿＿＿といいます。

出身は（前任校は）＿＿＿＿＿＿です。

（趣味は＿＿＿＿です。特技は＿＿＿＿です。※特に無ければ省いてよい）

学生時代は（前任校では）＿＿＿＿＿をしていました（○年担任でした）。

みなさんとこれからご一緒させていただきます。
まだ分からないことばかりで、教えて頂くことも多いかと思いますが精一杯がんばりますので、よろしくお願い致します。

Chapter1　新年度スタート前後の仕事術

新年度をスムーズにスタートさせるために

04 新年度の期間を3つに区切る

準備も業務も多い新学期は多忙です。この期間を3つに区切り、各期ごとに業務を整理し確実にこなすことで混乱を防ぎます。

ダンドリPoint

　新年度のスタート時期はとにかくやることが多く、なかには短期間でやらなければならないこともたくさんあります。ですから、新年度のための期間を大きく3つに区切り、各期に何をするかを明らかにして、できることからどんどん先取りして業務を進めましょう。

新年度の期間を3つに区切る

新年度の特に重要な期間を［終業式後～始業式の7日後］と考えています。この期間を以下のように3期間に区切ります。

終業式	人事発表	始業式
プロアクティブ期 ・担任の内示など	**プラチナ期** ・学年の決め事 ・学級のルール作り	**黄金期** ・子どもにルールを示し徹底する
来たるプラチナ期・黄金期の準備先取り	来たる黄金期の準備先取り	学級経営において重要な3～7日間

始業式から3日間を、最も重要な【黄金の3日間】と言うことも

　多くの先輩教師が学級経営において、新学期スタートからの数日間が非常に重要であることを述べています（「黄金の3日間」という言い方をすることも）。そのような大事な期間にも関わらず、準備に集中することができないのが、教師の仕事の実情です。
　新年度のスタート時期は、とにかく業務が多く、短期間でやらなければならないことがたくさんあります。ですから、上記の3期間を通して、どれだけ充実した準備を行うことができるかが重要になります。

新年度の3期間の解説

プロアクティブ期

● 終業式から人事発表(多くは4月1日)の前日までを、プロアクティブ期とする。

● 特に次年度のことを本格的に考える重要な期間。先取りできることに取りかかることで、人事発表以降にやるべき膨大な業務を前倒しで進めておくことが可能。そのために、過去の資料等を見せてもらい、これから取り組むべき業務を事前にリストアップしておくと良い。

● この期間の後半(正式な人事発表の数日前)には、担任の内示がある。内示以降は担任学年に関わる業務をどんどん進めておきたい。

【何を準備しておくか？】
　4月の職員会議等の資料を教務主任等から見せてもらい、新たに作成の必要がある資料を作成・コピー。また、子どもたちが使う場所を整える準備も始める。

> 例)番号シール…学級の人数分の番号を付けた白色のビニールテープを必要組数作成する。[靴箱・ロッカー・傘入れ・給食袋かけ等で個人の場所を示す際に使用]

プラチナ期

● 人事発表から始業式までをプラチナ期とする。

● この時期に同じ学年を担当するメンバーが決まるので、学年での決め事やルール作りなどの作業が入る。並行して、担任するクラスの準備もどんどん進める。本書で紹介する、日直の流れ・給食の流れ・朝の会・帰りの会・教室ルール・掃除当番の流れ等について、必要な資料の準備を進める。業務の先取りをすることで1年の成功率をぐっと引き上げることが可能。

● 特に、学級、学年のルールや決め事づくりは大切。きちんと作っておけばその後の学級運営がスムーズになるので、丁寧に進めたい。

黄金期

● 始業式からの3～7日間を黄金期とする。

● 1年間の学級経営の成否はこの時期が大きく左右する。この期間に子どもたちに対して[時間を守らせること][話をしているときは静かに聞くこと]をきちんと指導する。
　一方で、厳しく指導するだけではうまくいかないことを理解しておく。「この先生は楽しそう」、「このクラスは楽しそう」という気持ちを子どもたちにもたせること、保護者に信頼してもらうことが大切。
　しっかり準備して、いいスタートを切ること。

● この時期にきちんと行っておきたいこと
　・あらかじめ決めたルールを守らせること　　・保護者への連絡もれがないこと
　・子どもの観察　　　　　　　　　　　　　　・プリントの回収配布ミスを避けること

Chapter1 新年度スタート前後の仕事術

05 担当決定から3日間の業務を整理してから取り組む

学級経営は始業式前の準備が肝心

担当（担任）が決まると始業式までにやるべきことがたくさん。業務は整理して計画を立ててから取り組みましょう。

ダンドリPoint

プラチナ期（担当決定から始業式前日まで）の日数は多少異なりますが、平日はおよそ3日間という場合が多いので、3日間で新学期スタートの準備ができるようにします。多くの業務がありますが、列挙して整理し、「いつ、何をするか」が分かるように計画を立ててから取り組むと混乱せずに済みます。

多忙な時こそ落ち着いて取り組もう

仕事を効率よく進めるには、業務内容を把握して「いつ、何をするか」の計画を立てて着実にこなすことが大切です。同時に、予定通りにいかない業務も発生するのが仕事なので柔軟に対応しなければなりません。その際、混乱しないために計画を立てておくと業務が明確なので変更しやすくなり、空いた時間に何ができるのかも分かりやすくなります。

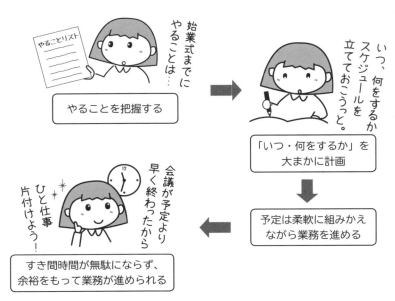

担当決定から3日間の業務のながれ

　年度初めには、会議や職員室の席決め・移動、学年での打ち合わせ等、自分だけでコントロールできない業務もたくさんあります。多忙な中でも、自分のやるべきことが把握できていれば、すき間時間を無駄にせずに新学期の準備が進められます。また、同じ学年担当のベテラン教師の様子は参考になります。「どうしてそのような仕事をしているのですか？」と質問してみても良いかもしれません。先輩の仕事からもどんどん学んでいきましょう。

やることリスト作成

　　　p.24 を参考にして担当決定後3日間の業務をリストアップする。
　　　※詳細は先輩から前例を聞くと良い。

3日間を6ブロックに分ける

担当決定後3日間を、各日を午前と午後で区切り、計6ブロックに分ける。

	担当発表の日	2日目	3日目
午前	ブロック①	ブロック③	ブロック⑤
午後	ブロック②	ブロック④	ブロック⑥

「いつ・何をするか」を考える

　　　次ページのようにリストに書き出した業務内容それぞれにかかる時間を予測し、「いつ・何をするか」を考えながら、3日間の各ブロックに振り分ける。

業務開始

　　　予定表に従って業務を進め、終わった作業にはチェックを入れる。

予定は柔軟に組み替える

　予定どおりに進まない時や思わぬ業務が発生した場合は、計画を柔軟に組み替えながら、できることをどんどん進める。焦らず一つひとつを着実にこなせば、はじめは無限に思えた業務もきちんと片付き、余裕をもって新学期を迎えることができる。

やることリスト

※下記は新年度準備の代表的な業務の例です。参考にしてください。

クラス	□学級名簿の作成 □子どもの名前の確認・暗記（間違えそうな名前にフリガナを） □子どものアレルギーチェック □マグネット名札の作成（p.41 参照） □数字シール貼付：靴箱、傘立て、ロッカー等（出席番号で管理） □座席表・座席表拡大図を作成 □教室の備品、机、イス等の数と大きさを確認 □床にしるし付け（机・イスなどの配置目安） □教室に備品や荷物の搬入 □特別教室の確認 □指導書1単元分をコピー（初日の授業の予習） □掃除当番表および給食当番表の作成（p.60～p.61 参照） □時間割の作成（専科教員と調整） □くじの作成（p.127 参照）
学年	□学年の仕事の割り振り □校外学習の予定・予算・実施日の決定 □副教材（漢字ドリル、計算ドリル等）の選定 □図工教材の選定 □学年で観察する植物の発注 □学年で使用する各教科ノートの選定 □教材使用届の作成 □教材発注の手紙作成 □学年通信の作成（作成ルールは学年主任に聞く） □年間行事に表れない大きめの行事の確認（2分の1成人式等） □健康の記録・家庭連絡票・指導要録に関する紙の仕訳 □連絡帳の印刷 □教科書を学級ごとに準備
学校全体	□担当教科決め □領域の仕事の割り振り（情報教育領域等） □特別支援児童に関する資料の読み込みと特別支援学級担任からの聞き取り、入り込み状況、療育手帳の有無の確認 □校務分掌の主任にあたる仕事の確認 □入学式の準備

6ブロックに振り分ける

業務計画表

※下記を参考に、次ページを利用して自分の業務計画表を作成してください。

		クラス	学校全体・学年
1日目	午前（ブロック①）		担当決定 着任式 職員席決定・移動 □学年会計 □行事の主担当の割り振り □校務分掌・教科領域の話し合い
1日目	午後（ブロック②）	□学級名簿作成 □子どもの名前の確認・暗記 □子どものアレルギーチェック	□学年予算の検討 □教材予算の検討 □教材用具、ドリル選定 □校外学習の場所決め、下見日程決め □前学年からの引き継ぎ会
2日目	午前（ブロック③）	□マグネット名札作成 □ロッカー、靴箱に数字シール貼付 　（出席番号で管理するため） □床にしるし付け（机の配置目安）	□保健・家庭連絡票を新クラスに分ける □教科書をクラスごとに準備
2日目	午後（ブロック④）	□座席表の作成（拡大図も） □備品の搬入（CDプレイヤー等） □教材研究用に指導書を1単元分コピー	□学年通信作成 □予算書作成・業者に電話 □校外学習で利用する交通機関に電話
3日目	午前（ブロック⑤）	□給食当番表の作成 □そうじ当番表の作成 □時間割の作成（専科教員と調整）	
3日目	午後（ブロック⑥）	□くじの作成 （本書p.124［秘密の友達］などで使用）	□入学式の準備

やることリスト

クラス	
学年	
学校全体	

業務計画表

		クラス	学校全体・学年
月 日	午前		
	午後		
月 日	午前		
	午後		
月 日	午前		
	午後		

Chapter 1 新年度スタート前後の仕事術

Chapter1　新年度スタート前後の仕事術

06

黄金期に陥りやすい混乱を防ぐために

学級経営に必要なルールやきまりごとを

明文化して子どもと共有

新学期、子どもたちがスムーズに新しい学級に馴染めるよう、学級経営に必要なルールは、事前に明文化しておきましょう。

ダンドリPoint

「自分は何が分かっていないのかも分からない」……これは若手教師からよく聞く言葉です。そうならないために、まずは学級経営に必要な業務(日直、給食当番等)や子どもと共有したいルールを明確にします。教室に提示するものは事前にリスト化して準備しましょう。右ページのチェックリストを参考にしてください。

具体的な業務を明確にして、早めに準備することで

学級経営は大きく変わる！

× やるべきことが不明確で、変更が多く、予定が進まない。
× 子どもを信頼して任せることと、丸投げすることは違う。

子どもからの信頼

子どもが話を聞かなくなる。
学級をまとめにくくなる。

◎ 業務の流れが明文化されていれば、子どもが取り組みやすい。
◎ 学級全体でルールを共有すれば、お互いの誤解が生まれにくい。

子どもからの信頼

信頼関係Upで学級がまとまり学級経営がスムーズに。

右ページのチェックリストの各項目については、各ページで詳しく説明しています。リストに示された内容を事前にきちんと準備すれば、学級経営はスムーズにスタートできます。

学級経営に必要なルールやきまりごと

✓	明文化したいもの	本書ページ
	日直の仕事の流れ	p.48〜
	朝の会の流れ	p.49
	帰りの会の流れ	p.49
	給食当番の仕事の流れ	p.50〜
	学級ルール	p.54〜
	掃除の流れ	p.58〜
	子どもが忘れ物をしたときの対処法	p.62〜
	連絡帳（毎日）の流れ	p.68〜

業務やルールを明文化して子どもたちが自ら行動できるように指導することで、教師の負担は減り、子どもは自立へと向かいます。本書は『子どもの自立を促す指導が教師の負担を軽減させる』ということを最も大事にしたダンドリ術を紹介しています。

Chapter1　新年度スタート前後の仕事術

07　黄金の3日間の流れを把握する
(学級びらきからの)

学級経営の流れを決める重要な期間だから…

始業式から子ども中心の日々がスタートします。黄金の3日間は大事だからこそ、流れをしっかりつかみましょう。

ダンドリ Point

　学級びらきからの3日間はやるべきことを着実にこなし、丁寧に指導します。この3日間は『黄金の3日間』(1年の学級の流れが決まる重要な期間)と言われています。充実した『黄金の3日間』を過ごせるかどうかは、始業式の前日までに、どれだけダンドリと準備をしてきたかにかかってきます。

3日間を9ブロックに分けて計画しよう

　3日間を下図のように9ブロックに分け、午前中で下校する1日目の給食および午後のブロックを除いた7ブロックで学級経営の業務を整理します。学級のルールや日直の仕事等、子どもたちの学校生活において伝達・指導すべきことを、業務に応じて行います。

1日目	2日目	3日目
午前ブロック	午前ブロック	午前ブロック
給食ブロック	給食ブロック	給食ブロック
午後ブロック	午後ブロック	午後ブロック

右のリスト内容をもとに、流れを把握します。
子どもに伝えることや決めること等を、どのタイミングで提示するかが明確になり伝え忘れやムダをなくすことができるようになります。

さらに Step up!

　毎年新しい表を作って準備するのではなく、初年度に作った表をベースに反省点を書き込んだものを翌年以降に使いましょう。経年的な自分の指導の変化が分かり、スキルアップも確認できます。家庭環境の変化(出産、介護)等により、労働時間に制約が生じたら、表中の項目を精選することで、忙しい3日間でも定時に帰ることができるようになるはずです。

黄金期の学級びらきにやることリスト

ブロック	必ず実施すること	書類等の配布・回収や手続き的事項	可能なら実施する
1日目　　月　　日			
午前	□担任の自己紹介 □学級経営の方針の伝達 □学級ルールの伝達・指導 □給食・掃除当番決め □学級びらき用レクリエーション	□学年通信の配布 □保健関係書類の配布・回収 □教科書・ドリル配布（記名を指示） □子どもに靴箱やロッカーの位置を確認させる	□係決め □宿題を出す □子どもの自己紹介
2日目　　月　　日			
午前	□学級ルールの指導 □国語・算数授業の開始 □日直の仕事の指導 □給食・掃除のルール確認	□PTA・保健関係書類の回収 □発育測定など健診 □アレルギー児童との打ち合わせ	□席替え □理科・社会授業の開始 □宿題を出す
給食	□給食当番の仕事の指導 　・静かに配膳 □給食を待つ態度の指導 　・読書をして待つ □掃除の指導	□アレルギーのある子どもへの対応 □清掃用具点検	
午後	□係決め □子どもの自己紹介 □友達の輪を広げるレクリエーション		
3日目　　月　　日			
午前	□学級ルールの指導 □国語と算数以外の授業を随時開始	□発育測定など健診	□席替え □宿題を出す □道徳・図工等の開始
給食	□給食当番の仕事の指導 □給食を待つ態度の指導 □掃除の指導 　・昨日と違う場所の見回り		
午後	□整列の練習（体育の時間で） 　・ハンドサインでの確認		

Chapter1　新年度スタート前後の仕事術

08　第一印象でキメる！〜教室編〜

子どもたちとの距離をグンと近づけるには…

子どもが家で「今度の先生は花まるな先生なんだ！」と
保護者に伝えたくなるような自己紹介をしよう！

ダンドリPoint

年度当初、子どもが家庭で嬉しそうに教師の話をすると保護者の安心・信頼を得る第一歩になります。「いい先生でよかった！」と感じてくれるような子どもに響く自己紹介をすれば、気持ち良く学級経営をスタートすることができるでしょう。

あなたの魅力を伝える自己紹介
子どもが家で話題にしたくなる挨拶のコツ

右ページで紹介している『名前作文』や『自己紹介クイズ』を利用して、好印象を与える自己紹介をすれば、子どもたちと教師の距離は一気に近づき、楽しい学級経営がスタートできます。

> 始業式は、子どもが先生と初めて出会う日。先生のことを知りたがっています。自己紹介は面白い話を交えたクイズにすると大盛り上がり、休み時間にも話が広がります。

学級が元気になる教師の自己紹介

名前作文

自分の名前を、ひらがなで大きく縦に書き、それぞれの文字を文頭に、自分を印象付けるキーワードを書く。

子どもたちが好きな先生は…
- やさしい
- 面白い
- 話を聞いてくれる
- 教えてくれる

そんなキーワードを入れると良い。

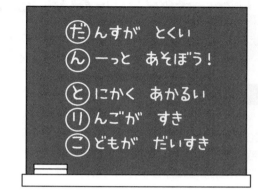

★さあ、ご自分の名前作文を考えてみましょう!!★

自己紹介クイズ

自己紹介で話す内容を、クイズ形式にして子どもたちに出題する。
クイズの内容は、子どもたちとの共通点から出題すると盛り上がる。
例：**給食で好きだったメニュー、小学校時代好きだった科目、休み時間の遊びなど**

◆クイズの例

【問1】先生の好きな給食は、次のうち何でしょう？
①ハンバーグ　②（　　　　　　　　）③どろだんご

【問2】先生はどこで生まれたでしょう？
①（　　　　　　　　）②アメリカ　③宇宙

【問3】先生の得意なことは何でしょう？
①絵をかくこと　②（　　　　　　　　）③手品

【問4】先生が小学校のとき好きだった遊びでみんなとしたい遊びは？
①鬼ごっこ　②（　　　　　　　　）③校長先生とダンス

【問5】先生が楽しみにしていることは何でしょう？
①給食　②日曜日のデート　③みんなと過ごすこの1年

（　　）にあなた自身の正解を記入すれば、このまま活用できます。
オリジナルで作る場合も、答えの選択肢は3つ程度がおすすめです。
子どもたちとのコミュニケーションを楽しむクイズなので、プリントする必要はありません。

クイズが終わった後は、「今度一緒に○○で遊ぼう！」と声をかけると子どもは大喜び！子どもたちとの共通点を上手に使えば、子どもは教師とどんな話をすればいいかが見えてきます。これに加えて出身や教師の得意分野等が家での話題になるでしょう。余裕が出てくれば、得意技（ダンス等）を披露するのも良い方法です。

Chapter1　新年度スタート前後の仕事術

09　子どもたちがすぐに仲良くなるために
学級びらきに**友達をつくる演出**を！

新学期の子どもたちは楽しみ半分、不安半分。
ゲームを利用した友達づくり演出で、楽しいスタート！

ダンドリPoint

新しい学級での出会い。友達となるきっかけはお互いのことを理解することから始まります。とはいえ、いきなりみんなの前での自己紹介では、人前で話すことが苦手な子どもは学級活動に苦手意識をもってしまうかもしれません。楽しいゲームで盛り上がりながら子どもたちの緊張をほぐしましょう。

友達づくりの始めの一歩…

演出ナシ

自己紹介が苦手な子には大きな負担

×緊張で自分が発揮できない。
×スピーチ内容を考えることに精一杯で、友達の話を聞く余裕がない。

演出アリ

じゃんけんゲームで楽しく自己紹介
（右ページ参照）

◎ゲーム形式なので緊張が緩む。
◎いろいろな友達と直接話ができる。
◎簡単なゲームに取り組みながら、話を広げるきっかけを作ることができる。

出会いの日、子どもは"仲の良い友達が一緒の学級にいるか"をとても気にします。同時に、新しい友達ができることも楽しみにしています。短時間で子どもの緊張をほぐし、何回も自己紹介する場を設けられるじゃんけんゲームを利用して、教師も一緒に学級に溶けこんでいきましょう。

じゃんけんゲームで楽しい自己紹介

【じゃんけんゲームの進め方】

①質問カード［こんな友だち、さがしてみよう！］を配る。（p.36の例を参照）
　※質問カードは厚手の紙にプリントしたほうが使いやすい。

②ルールの説明をする。

> ### 【じゃんけんゲームのルール】
> □出会った人と互いに自己紹介をします。「〇〇です。よろしくお願いします。」
> □じゃんけんをします。勝った人はカードの中から1つ選んで質問します。
> □質問は「〇〇さんは〜ですか？」と丁寧に話しましょう。
> □質問に「はい」と答えた人がいたら、質問の右横にあるサインの欄に名前（サイン）を書いてもらいます。
> □質問に「いいえ」と答えた人はサインをしません。
> □席を立っていいので、次は別の人とじゃんけんをします。
> □できるだけ多くの人とじゃんけんをして、サインを集めましょう！
> □全部の質問にサインをもらえた人は、黒板の前に集まってください。
>
> ※同じ人と2回はじゃんけんができません。
> ※先生とじゃんけんをしてもいいですよ。

③ゲームを始める。元気に号令をかけて雰囲気を盛り上げよう！

「さあ、ゲームを始めましょう！　まずは隣の人と……
せーの、じゃんけん、ぽん！」

④全ての質問にサインをもらえた子どもはカードを持って黒板の前に集まる。10人程度集まったらゲーム終了とし、誰がどんな質問に「はい」と答えたかを発表しあう。「〇〇さんと〇〇さんは、国語が好きなんだね！」等、ゲームを通して知り得た情報で会話を楽しみながら、子どもたちが新しい友達に親しみをもてるように導く。

さらに Step up!

- 質問カードは、内容を変えて数種類用意しておくと質問に該当する子どもが偏らず、より楽しく展開できるでしょう。
- 高学年の場合は、質問カードを子ども一人ひとりで作ると良いでしょう。子どもらしいユニークな質問が出て、もっと面白くなるかもしれません。

質問カード

こんな友だち、さがしてみよう！

名前 _____

－できるだけ多くの人とじゃんけんしましょう！－

	しつもん	サイン
1	水泳がとくいです	
2	弟か妹がいます	
3	犬よりねこが好きです	
4	7月がたんじょう日です	
5	やき肉よりもおすしが好きです	
6	ドッチボールより鬼ごっこが好きです	
7	メロンが好きです	
8	青色より赤色が好きです	
9	国語が好きです	
10	お笑いがすきです	

質問カード

こんな友だち、さがしてみよう！

名前 _____

－できるだけ多くの人とじゃんけんしましょう！－

	しつもん	サイン
1		
2		
3		
4		
5		
6		
7		
8		
9		
10		

Chapter1　新年度スタート前後の仕事術

10
年度始めの配布物、連絡事項で混乱しないために

学級びらきから3日間は
連絡票を教師が用意しよう

年度始めは配布物や伝達事項がたくさん。保護者に確実に伝えるため、始めの3日間は子どもに頼らず教師が連絡票で伝えます。

ダンドリPoint

　新学期スタート時は配布物や保護者へ伝達すべき事項等、大事な提出物がたくさんあります。伝達ミスが発生すると電話連絡対応等で仕事が滞り、保護者からの印象も悪くなるかもしれません。確実に伝えるために、学級びらきからの3日間は、教師が連絡票を事前に作成します。配布漏れがないよう、チェックも忘れずに！

保護者への伝達漏れを防ぐため

連絡票ナシ	連絡票アリ

×配布物の確認が不徹底 ×子どもが連絡帳に必要事項を漏れなく書けたかどうかの確認が不徹底 ×子どもの忘れ物が増える ×保護者からの印象が悪化	◎子どもが連絡帳を書く時間が省ける。 ◎配布の確認に時間が取れる。 ◎子どもの忘れ物リスクが少ない。 ◎追加することがあっても、追記するだけなので簡単。
減点からのスタート…	子どもたちにも余裕をもって対応できる

さらに Step up!

　新学期の連絡票は学年で共通する内容が多いので、学年で共有して他の学級の分も率先して用意するようにします。そうすれば、学年全体で良い雰囲気になりますし、学年の先生同士で確実な配布・伝達ができ、保護者からの苦情も激減するはずです。

年度始めに使える、教師からの連絡票

■始業式の日に配る連絡票の例

```
                                          4月 7日（火）

【連絡票】

2年 1組  担任 役 とり子

始業式からの三日間は配布物が集中します。
そのため、子どもが記入する連絡帳の代わりに、
連絡票（本票）で連絡をいたします。

連絡

手 2枚　（教科書9冊）

持 □ 給食の用意
　 □ お道具箱・国語・算数の用意

宿 □ 自己紹介を考える
　 □ □ □

手→手紙（配布物の枚数）
持→明日の持ち物
宿→宿題
```

```
                                          月　日（　）

【連絡票】

　　　年　組　担任

始業式からの三日間は配布物が集中します。
そのため、子どもが記入する連絡帳の代わりに、
連絡票（本票）で連絡をいたします。

連絡

手　　枚

持 □ □ □

宿 □ □ □ □

手→手紙（配布物の枚数）
持→明日の持ち物
宿→宿題
```

39

Chapter1　新年度スタート前後の仕事術

11　効率よく学級経営を進行させるために
よく使う言葉はマグネットシートに！

マグネットシートを活用し、板書を定型化すると授業の流れがスムーズになり、宿題や連絡事項の書き漏れもなくなります。

ダンドリPoint

学級運営をスタートすると、頻出する言葉があることが分かるでしょう。こうした言葉は黒板に貼り付くマグネットシートに書き込んで用意しておくと、授業の流れが定型化し、スムーズに進行できます。連絡帳書きにも利用すれば、効率が良くなるので、余裕をもって子どもたちの様子をチェックすることができます。

板書に使えるマグネットシートを作ろう！

【準備するもの】
□マグネットシート
　※ハサミで簡単に切れて使いやすいサイズを用意する。
　（10cm × 30cm 程度の大きさがおすすめ）
□ハサミ
□ラベルシール
　（A4 でカット自在のラミネート加工タイプがおすすめ）
※手書きで作成する場合は油性マジック

【作り方】
① 授業などでよく使う言葉を 200pt 程度の大きさで用意し
　（1 文字が 10 × 10cm の中に収まるサイズ）、
　ラベルシールにプリントアウトする。

② ①をマグネットシートに貼り、言葉ごとに切り分ければ完成。
※手書きの場合は、油性マジックでマグネットシートに直接書いて切り分ける。

◆ **実際の使用例**

　言葉を短縮し、頭文字だけで記号化しても良いでしょう。右の使用例では、色分けもしてあります。
　子どもたちに最初に省略語を説明しておくことが前提です。

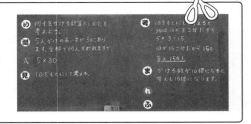

マグネットシートの展開例

マグネットシートで板書を定型化しよう

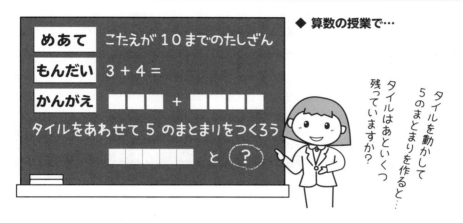

マグネットシートにしておくと便利な言葉

子どもの名前

マグネット名札
…当番表用・授業などでの発表用・予備の1人3枚あると便利

授業用

問題・めあて・課題・見通し・考え・わかったこと・観察・結果・注意・まとめ　等…

約3cm

連絡帳用

手紙（手）・持ち物（持）・宿題（宿）・マスク・給食袋・リコーダー・体そう服・計算ドリル・漢字ドリル・音読　等…

さらに Step up!

上記の展開例のように、無地のタイル状のものも用意しておくと便利です。マグネットシートは色もいろいろあるので、目的に合わせて使い分けるのもおすすめです。

Chapter1　新年度スタート前後の仕事術

気持ちの良い学校生活の基本だから…

12　挨拶を習慣にする

挨拶は礼を重んじることにつながります。
自然と挨拶がでるようになるには、繰り返すことが大切です。

ダンドリPoint

　挨拶は人間関係の基本です。朝の挨拶だけだと身につけるには足りません。習慣化（子どもたちの口から自然に出てくる）までは、挨拶指導を繰り返すことになります。気持ちの良い挨拶は教師のやる気も倍増し、学校内が明るくなります。

プリント配布と丸つけも挨拶指導の絶好の機会

①プリント配布の時

子ども同士でも、挨拶をしながらプリントを渡すよう指導する。

②丸つけの時

丸つけをしてもらう時は「お願いします」、丸つけが終わったら「ありがとうございます」と言えるよう指導する。
この時、教師も必ず同じ挨拶を返すこと。

子どもが自然に挨拶できるようになったら、「いい挨拶ができているね」と褒めましょう！

さらに Step up!

　教師が自ら率先して礼儀を態度で示しながら指導することが大切です。プリント類等の扱いも両手で受け渡しするように指導して、態度面も育てる機会を増やすと「・・先生のクラスは違うな」と周囲の目が変わります。
　右ページを配ると、話を聞くことが苦手な子どもにも徹底指導ができます。

クラスのきまり

プリントくばりのルール

受け取るときは、「ありがとうございます。」といって、両手で受け取りましょう。

後ろの人に渡すときは、「お願いします。」と声をかけて、両手で渡します。

リレーのように、また受け取る人は「ありがとうございます。」と声をかけます。

そうすることで、礼儀が自然と身につきます。

丸つけを先生にお願いするときのルール

丸つけしてほしい最初のページを開いて「お願いします。」と声をかけましょう。

これができているときに、先生も「お願いします。」と返します。

丸つけが終われば、「ありがとうございました。」と声をかけましょう。

先生も「ありがとうございました。」と返します。

身につけておくと礼儀正しい人になります。

Chapter 1 新年度スタート前後の仕事術

COLUMN 1

誰にでも「新人」と呼ばれる頃がある

面倒見のいい主任の先生に助けられた新人時代

　私が教師になったばかりの頃の話です。新年度スタート時期は、自分が何をすればいいのか分かりませんでした。担任をもてた喜びもつかの間、すぐに入学式準備等が始まり、毎日がその場しのぎの自転車操業です。
　昼前になると気になりだすのが、「明日の連絡帳に何を書いたらいいのだろう？」ということ。とにかく、1日のカリキュラムを進めることで精一杯で、先のことを考える余裕などありません。そんな私を見て主任の先生が心配してくれたのでしょう。「分からないことがあれば、私の教室をのぞいていいよ」と。その言葉に大いに助けられました。困ったことがあるとトイレに行くふりをして教室を抜け出し、主任の先生の教室の前を通っては、連絡として書かれている内容をメモし、そしらぬ顔をして自分のクラスの子どもたちに伝えていました。
　始業式から1週間の授業をどう進めていけばいいか分からず切羽詰まったときには、授業中に主任の先生の教室に聞きに行ったこともありました。板書も主任の先生を参考にしましたし、進行具合も板書から掴んでいました。
　あの主任の先生がいなかったらどうなっていたのか考えるだけで恐ろしいです。私は同僚に恵まれた新人時代でした。若い頃に、教えてくれる同僚が身近にいるかいないかという運で、新人時代が大きく左右されるのだと痛感すると同時に、感謝の気持ちでいっぱいです。

熱意だけで突き進んだ日

　一方で、どんなに先輩に教えてもらっても真似ができないのが、子どもへの接し方です。初めての担任ということで、私は気合いが入り過ぎて常に一本調子の全力指導です。「若いから元気だね」と言われても、当時は、褒め言葉としか捉えることができませんでした。実際には、「子どもも疲れるだろうねぇ」の意味が入っていたのだと、今になって分かります。

全力は熱意のある指導ともいえます。力量のない初任者では、できるのは熱意を込めることくらい。仕方がないことだったのです。しかし思い返してみると、子どもの心は掴んだものの、寄り添うということとは違っていました。私は自分なりに、子どもたちに、「若い先生でいいな！」と思ってもらえるように頑張りました。次年度になって私が担任だと分かると歓声を上げてくれる子どももいて、担任を外れた子どもたちからは「来年は、ぜひ担任してください」と言ってもらえました。しかし、それが、ただ単に遊んでもらえそうという意味合いの歓声だったことにも、当時は気がつかなかったのです。
　そんな私の新人時代は熱意先行の日々でしたが、指導と遊びだけではなく、子どもたちと一緒に楽しむ時間を大切にしました。毎日外で遊び、他愛のない話をたくさんしてきました。こうして年月を経ていくうちに、子どもたちとの間に良い距離感を築くことができるように変わっていきました。
　子どもたちは頑張ってついてきてくれました。今思えば、無我夢中だった私の熱意に「無理をさせていたかもしれない」と反省しきりですが、そうした子どもたちの頑張りが私を育ててくれたのだと思います。
　私の周りでも、指導に全力なあまり声を荒らげてしまい、子どもの心が離れていく瞬間を何度も目にしてきました。私は幸いにして、学級の荒れにつながらずに済みましたが、経験が浅く熱意が先走りしていた時期には、こうした危険性があったのだと思います。
　学校の先生になる人は基本的に真面目です。頑張りが過ぎると、ホッとする部分をつい忘れて、子どもが見えなくなってしまいます。そうならないための余裕やゆとりを得るためにも、ダンドリを学ぶ中で理想の教師像を目指すことが欠かせないと思うのです。

私は主任の先生のダンドリを真似つつ、
理想の教師像を描いてきました…。

付録① 相互評価用紙

　Chapter2-17で図工で使える作品鑑賞用紙を紹介していますが、絵やグラフで表現する科目（理科や生活）等でも子どもが互いに評価しあいながら学習を振り返るために、相互評価用紙は使えます。
　また、この用紙は、欠席をしている子どもを励ますときの一言メッセージを書く際にも利用できます。

_____ **さんへ**　　　　**月　日（　）**

....

....

....

....

....

....

_____ **より**

Chapter 2
日々の学級経営の仕事術

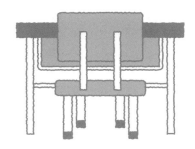

Chapter2　日々の学級経営の仕事術

リズムよくスムーズな1日を過ごすために

01 子どもが輝く、日直の仕事

毎日行う「朝の会」「帰りの会」「日直の仕事」はスムーズに進行するように、あらかじめ流れを提示しましょう。

ダンドリPoint

　学校は「朝の会」からスタートして「帰りの会」で終わります。そして、これを仕切るのは日直の子どもたち。これは毎日行うものですから、あらかじめ流れを提示しておけば進行がスムーズになり、子どもは習慣化できるので、自主的にメリハリのある学校生活を送ることができます。

子供が1日の流れを…

✕ 理解していない

×子どもが自発的に動けない
×日直が自分の仕事がよく分からない
×迷いが多く混乱しやすい
×学級が落ち着かない

◯ 理解している

◎子どもが自発的に動く
◎日直は自分の仕事を理解しスムーズに進行する
◎学級全員が何をするか分かっている
◎学級も教師も落ち着いて余裕がある

　学級運営に欠かせない〈日直の仕事〉〈授業の号令〉〈朝の会〉〈帰りの会〉は、あらかじめ「シナリオ」を用意して子どもたちと共有し、誰もが同じ内容で流れを理解できるようにしましょう。（右ページ参照）

日直の仕事

□ 学校に来たら教室やろう下の窓を開ける。
□ 水曜日は、**はんかち・ティッシュ・つめ**を友だちと確認するように声かけし、できていない人は連絡帳に書くように言う。
□ 朝の会や帰りの会の司会をする。
□ 授業のときに、号令をかける。
□ 帰りの会が終わったら黒板をきれいにして、つぎの日直の名前を書く。窓を閉める。

● 朝の会（前に立つ）

□「1時間目の学習の用意をしましょう。」と声かけする。
□（先生が来たら号令をかける）「起立。」
□「おはようございます。」
□「今日は○月○日○曜日です。健康観察をおねがいします。」
　　例）朝ごはんを食べていない人・体調の悪い人は手を挙げてください。等
□「係からの連絡はありませんか。」
□「先生のお話です。」
□「1時間目は○○です。学習の準備をしましょう。」

● 授業の号令（自分の席で）

【始まりの号令】
□「○○の学習の用意はできましたか。」
□「起立。」
□「○○の学習を始めます。礼。」
□（全員が立ってから）「よろしくお願いします。」
□「着席。」

【終わりの号令】
□「次の学習は○○です。用意をしましょう。」
□「起立。」
□「机をしるしに合わせましょう。」
□「宿題が終わっていない人は終わらせてから遊びましょう。」
□「これで○○の学習を終わります。礼。」
□（みんなで）「ありがとうございました。」

● 帰りの会（前に立つ）

□「帰りの会をはじめます。」
□「係からの連絡はありませんか。」
□「**振り返りシート**※の記入をして、前に出しましょう。」
□「先生のお話です。」
□「イスを中に入れて立ちましょう。」
□「身の回りの落とし物やゴミはありませんか？」
□「これで終わります。さようなら。」

※**振り返りシート**（p.128参照）
いじめ予防やトラブル対応時に役立つシートです。子どもが1日をふり返り、気付いたことなどを自由に記入します。

> 上記をラミネート加工して、日直の人数分用意します。日直はシートを見ながら進めます。シナリオの内容、記載の仕方は学年や実態に合わせてアレンジしてください。

Chapter2　日々の学級経営の仕事術

給食時のトラブルを防ぐための秘策〜その①

02 給食指導を制する！〜前編〜

給食の時間前後は、大事件が起こりがちな時間帯。
チャイムが鳴る前から準備・指導してトラブルを防ぎましょう。

ダンドリPoint

給食のチャイムが鳴れば準備で慌ただしくなり、クラスが落ち着かなくなります。トラブルなくスムーズな給食タイムにするために、給食準備は授業の終了前に始めましょう。準備が落ち着いてできれば、食べる時間が十分に確保できます。

給食チャイム、前と後が重要

チャイムが鳴ってから給食準備の声かけ

×誰が何をするか？で騒がしい。
×当番表があっても誰が何をするのか、声かけからでしか動き出せない。
×手洗いを口実に席を立ち遊んでしまう。
×教師が教室を離れると、時間を持て余した子が騒ぐことも。
×ざわざわしてクラスが落ち着かない。

チャイムが鳴る前に給食準備の確認

◎当番は自分の役割が分かって、すぐに行動できる。
◎全員で準備の流れを共有することでスムーズに進行、手洗い場の混雑や待ち時間中のトラブルも避けられる。

混乱なく落ち着いた給食準備

　混乱せずに子どもたちが落ち着いておいしく食事をするために、給食準備の流れを以下に提示します。拡大提示や口頭指導で徹底しましょう。

給食準備の流れ	給食当番	給食当番以外
4時間目終了の5分前	①トイレを済ませて、手を洗います（他の学級の迷惑にならぬよう注意）。 ②自分の机にナフキンを敷き、エプロンを付けます。	午前中の授業で使い終わった教科書や道具を、机の中からランドセル（ロッカー）に片付けます。 ※掃除の時、机を運びやすくなります。
4時間目終了のチャイム	①廊下に出て、給食の食缶を受け取る順番に並びます。 ②給食室にクラスの給食を取りに行きます。	①机をグループごとの向かい合わせにして、ナフキンを敷きます。 ②机の内側にかけた手さげぶくろから本を出し、自分の席で静かに本を読みながら待ちます。 ※授業終了直後は手洗い場やトイレが混むので、緊急以外は、給食当番がもどる頃まで、手洗いやトイレに行くのを待つようにします。
配膳開始	1班から順番に配ります。	①給食当番がもどったら、トイレや手洗いを済ませます。 ②席に着き、静かに配り終わるのを待ちます。
配膳終了	日直が前に出て挨拶します。 「給食で足りないものがあれば、手をあげてください。」 全員にきちんと配られたら、 「手を合わせてください。いただきます。」	

　給食を運んで戻ってみると、教室で泣き叫ぶ子どもが…。こんな状況になってしまうと、楽しい給食の時間にはなりません。上記を参考に、給食の10分前に確認事項を読み上げることを習慣にしましょう。
　『給食の流れ』は、確認時に黒板に掲示するのをおすすめします。子どもたちが流れに慣れて、1ヶ月が経過したころには、安心の給食前指導の完成です。

Chapter2　日々の学級経営の仕事術

給食時のトラブルを防ぐための秘策〜その②

03　給食指導を制する！〜後編〜

食べ物の好き嫌いは柔軟に対応。昔ながらの涙の給食の時代を終わらせて、楽しくおいしくいただく時間にしましょう。

ダンドリPoint

給食は全員に同じ量を残さず食べるように指導し、強制的に食べさせていた時代もあったようですが、今では好き嫌いについても柔軟に対応することが求められるようになっています。そこで、給食指導で大切にしたいポイントを紹介します。

「楽しく」「おいしく」でみんな元気！
けじめとメリハリある指導を

食べ物の好き嫌いに対応しつつ、残食を減らす工夫を

[こんな子どもがいるかも！？]
・少食　・食欲旺盛
・メニューの中に嫌いな食べ物がある

[こんな子どもがいるかも！？]
・食べるのが遅い
・おしゃべりに夢中で食事が進まない

　対応策

まずは全員に同じ量を盛りつける

◎減らしたいおかずがある子は手を付ける前に減らす。
◎増やしたいおかずがある子は増やす。
◎まだ残っていたら、教師が食缶を持って巡回し、おかわり希望者を募る。
※自ら食べられる量を決めることが大切！

楽しく食べる時間と食事に集中する時間

◎ワイワイ楽しみながら食事する時間と食事に集中する時間を区切る。
※区切り方は右ページ参照
◎早く食べ終えたら、自由帳に好きなことを書く、本を読む等、食事中の友達の邪魔をしないように指導する。

楽しい！おいしい！給食タイム

食事に口を付ける前に、子どもが自分の適量に調整できるよう声かけします。減らしたい子もいれば増やしたい子もいるので、事前の調整で残食を減らすことができます。

給食の流れ	指導すること	意図
給食開始 楽しく会話しながら食事をします。	①減らしたいおかずがある人は、先に減らしに行きましょう。 ②増やしたい人は増やしに行きましょう。	完食強要をせず、**自分で食べる量を決めさせます**。苦手なおかずが「おいしい」と思えるときもあり、食べることへの意欲や自発性を高めます。残食を減らすことにもつながります。
	③（先生が食缶を持ち歩きながら）○○が残っています。欲しい人はいませんか？食べ残しを減らすために協力してください。	先生が食缶を持ち歩くと、欲しいという子が増えます。協力してくださいという声かけで、実は食べたくても周りの友達を気にしておかわりができない子が堂々とおかわりできます。
給食終了10分前 食べることに集中します。	①机とイスをもとの場所に戻して静かに食べましょう。 ②食べ終わった人は、静かに本を読んで待ちましょう。	食事に時間のかかる子や、話に夢中で食事が進まない子がいます。そのために、静かに食べる時間を設けます。
給食終了1分前	日直さん、前に出ましょう。まだ食べたい人は食べていていいですよ。	残してしまっても無理やり食べさせることはしません。「次からは最初に減らすように」と声をかけ、「食べきれる量を自分で決めることができるようになろう」と伝えます。
給食終了	日直：「手をあわせてください。ごちそうさまでした」	

給食指導は気になる保護者の方が多いものです。自信をもって説明ができて保護者も納得の給食指導方法を実践すれば、教師も子どもたちも楽しい時間になるはずです。
保護者の了解が得られれば、「いただきます」の前に「○○さんのアレルギー食材は△△です」と全員で確認すれば、アレルギー対策もバッチリです。

Chapter2　日々の学級経営の仕事術

"学級の荒れ"を防ぐために

04　学級ルールを明文化する

ゴールデンウィーク明けは学級の荒れにつながりやすい時期。
学級ルールの明文化で落ち着いた学級を維持しましょう。

ダンドリPoint

ルール伝達を口頭で行うとあいまいになりがち。学級ルールを明確にして可視化すれば、誰もがいつでも確認できます。4月はじめにルールの一覧表を作成して子どもに渡しましょう。教室にも掲示すると、いつでも確認することができます。p.56〜の例を参考にして、クラスのきまりを明文化しましょう。

クラスがまとまる学級ルールの伝達は？

口頭のみの場合	明文化した場合
ルールを忘れてしまい、何をどうすればいいのか分からなくなる。	一人ひとりに配布し、教室内に掲示すれば、いつでも確認できる。

《想定リスク》
× 「聞いた」「聞いてない」のトラブル
× 子どもの理解の確認が困難
× ルールの不徹底
等

《想定メリット》
◎ ルールが多くても、文章で確認できる。
◎ 子どもが理解しやすい。実践しやすい。
◎ 子ども同士でルールを確認しあうことで、理解が深まりトラブルが減る。

学級の荒れの序章に…

実態に合ったルールで学級経営がスムーズに!!

さらに Step up!

① 子どもたちと協力して『クラスのきまり』を作成しましょう。（右ページを利用できます）
② 学活の時間等を利用して、定期的にルールが守られているか子どもたちと一緒に確認します。
③ 「みんなができるようになったルール」は線で消し、「追加したいルール」が出てきたら一覧表に追加します。
⇒これで、常に学級の実態に合ったルールを子ども同士で確認しあうことができます。

クラスのきまり

こんなとき	みんなで守ろう！

Chapter2-04　クラスのきまり

　初めてルール作りをするときの参考になるように、たくさんの［きまり］を掲載していますが、まずは最低限守るべきルールに絞って明文化しましょう。
　学級ルールは、学校生活の中で気づいたことや問題点を、その都度子どもたちと話

こんなとき	みんなで守ろう！
登校後	□くつのかかとをくつばこのはしにそろえて入れます。 □あいさつをしてから教室に入ります。 □ランドセルの中の荷物を、つくえの中に入れます。 □れんらくちょうを書いて出します。宿題も出します。 　お家の人からの連絡があれば、先生のつくえの上に出します。 □宿題をわすれたときは、登校後すぐか休み時間に取り組みます。 ★チャイムがなったら、3分以内に教室に入ります。
朝の学習 読書	□朝の学習やかだいが終わったら、しずかに、読書（教科書は○）か自習をします。
朝礼	□8時20分にはぼうしをかぶって教室を出ます。 □8時25分には運動場に2列にならびます。
じゅ業時間	□じゅ業中は、立ち歩きはできません。 ※トイレに行きたいときは手をあげて伝えます。急なときは、トイレをすませてから先生にせつめいをします。 □ぬいだ服はたたみます。 □わすれ物をしたときには、れんらくちょうに赤字で書いてから借ります。 □べつ教室にいどうするときは、いすを中に入れます。 □ろうかにならぶときは、しずかにならびます。 □話はさいごまで聞いてから、発言をします。 □「です。ます」で話をします。

し合い、見直しながら完成させるのが理想的です。子どもたちは［自分たちで決めたルール］は大切にします。学級の実態に合ったルール作りで、子どもたちの社会性や協調性、自主・自律の精神を育てましょう。

こんなとき	みんなで守ろう！
休み時間	□休み時間にトイレに行きます。 □教室で遊ぶときは友達とお話・自由ちょう・読書をします。 □みんな遊びのときは、リーダーの言っていることを聞きます。
きゅう食	□３分以内にエプロンをつけます。 □わすれ物があれば先生に早めに伝えます。 □教室にいる人は自分のせきで読書をしてまちます。
そうじ	□ほうきはおなかより上にあげません。 □そうじ道具は元にあった場所にそろえてなおします。 □自分のそうじ場所が終わったら先生にほうこくします。
その他	□人のものや体をかんたんにさわりません。 □「〇〇さん、〜はやめよう」など、やさしい言葉で注意します。 □「〜してくれるとうれしいな」とふわふわ言葉を使います。 □後ろの人にプリントを配るときは、両手で受け取ります。 □人に何かしてもらったら「ありがとう」と言います。 □人におねがいするときは「おねがいします」と言います。

Chapter2　日々の学級経営の仕事術

おそうじタイムのトラブルを解消するために

05 掃除の仕方は明確に、役割分担をハッキリさせる

「〇〇さんがそうじをしません！」おそうじタイムによくあるシーン。掃除内容と役割分担を明確にして一発解決！

ダンドリPoint

　きちんと掃除をしない子どもが出ることで起きる「おそうじタイム」のトラブル。まずはじめに右ページを参考にして、掃除の方法を学級の子ども全員に説明して認識を統一します。つぎに、掃除の担当場所と役割を決めて、今日は（だれが、何をする）かをハッキリさせてから取り組むようにしましょう。

今日は、誰が何をするの？

子どもが掃除の役割分担を…

理解していない

×おしゃべりや追いかけっこが始まり、掃除が不徹底。
×「掃除をしていない」という報告と報復合戦で子ども同士がもめる。

掃除後の授業が子どもたちのトラブル報告会に変わる

理解している

◎自分の担当が分かれば、子どもが自主的に配置につくことができる。
◎手順通りに掃除できる。
◎掃除が行き届いていない場所は、担当の子どもに確認できる。

掃除後がきれい

さらにStep up!

　それでも掃除でもめる場合は、掃除の内容をより具体的に追記します。（例〔階段をほうきではく人：2階から1階に向かって右から左へ順番にはいていく〕等）。掃除の様子を確認しながらしっかり取り組んでいる子どもには、「上手にできているね」「お手本になるね」というような声かけをします。このような言葉が、掃除場所がきれいになる魔法の言葉になるかも!?

めざせ！おそうじマスター

そうじの場所	そうじの仕方	気をつけること
教　室 （ほうき）	①つくえを後ろに運ぶ ②1列にならんで教室の前から板目にそってはく 　（板目がないときは横にはく） ③教室の真ん中でゴミをちりとりに入れる ④つくえを前に運ぶ ⑤①と同じように教室の真ん中から後ろもはく ⑥教室の後ろでゴミをちりとりに入れる ⑦つくえをもとの場所にもどす	ほうきは、おなかより上にあげない。 ほうきは進む方向へ少しずつはく。
黒　板	①黒板に何か書かれていたら、先生に消してよい 　かを確認してから、黒板消しでたてにふいて 　消す ②先生用のものさしを、かわいたぞうきんでふく ③チョーク受けをぞうきんでふく ④後ろの黒板も同じようにする（分担してもよい） ⑤黒板消しをきれいにする	金曜日だけ、ぞうきんをぬらしてふく。
つくえ ・ たな	①教室の横・後ろのたなをふく ②前のたなや先生のつくえをふく ③全員のつくえの上をふく	ぞうきんは2つおりにして両手でふく。 よごれてきたら、きれいなところをつかい、よく洗ってから片付ける。
ろうか	①ほうきは進む方向へ少しずつはく ②ろうかのすみにはいたゴミをちりとりに入れる	ほうきは、おなかより上にあげない。 ほうきは進む方向へ少しずつはく。
手洗い場	①スポンジやたわしを使い、こすりながら洗う ②はいすいこうのふたを洗う ③はいすいこうにゴミがあれば、ティッシュなど 　でつつみゴミばこにすてる ④スポンジやたわしを洗う	水を出しすぎない。
トイレ	①個室トイレに流し忘れがあれば流す ②ブラシを使い便器をこする ③ほうきでゆかをはく	男女最低2人ずつで行う。 人が少ないときは先生に相談する。

★そうじが終わったら、先生に報告する★

裏技！スピード掃除法

1. 今から1分でどれだけごみを拾えるか勝負です！　ちぎって増やすのは無しですよ。
2. となりの人にごみの数を数えてもらってください。

　教室が何となく散らかっている。紙のごみなどが散乱している。これは学級が荒れる前触れです。こんなときは【掃除当番を呼び出して指導をする】という余裕がないかもしれません。その場合の緊急対応として、ゲーム感覚ですばやく環境を整えましょう。

Chapter2-05　掃除当番表の作成事例

　確実に掃除を行うには、ルーレット表で担当を決めずに、学級の子どもも教師もすぐに分かる背面黒板に一覧を掲示すると明確です。

◇ルーレット型当番表のデメリット

- グループごとの担当表なので、個々の責任は曖昧になる。
- 掃除場所や分担量に合わせた人数配分ができない。
- 各担当エリア内で「誰が何をするか」が明確にならない。

ルーレット型当番表の例▶

■縦型一覧当番表の活用法

　学級の人数にもよりますが、各掃除場所で「誰が何をするか」が明確にできる表を作成します。

1. マグネット名札（p.41 参照）を用意しておく。
2. 担当学級の事情に合わせて、掃除場所・掃除の仕方（ほうきで、ぞうきんで、等）・後始末の内容（誰が何を片付けるのかを明確にするため）等の項目を書き出す。
3. 掃除場所や仕事量に合わせて、人数配分をする。
4. 一覧表ができたら背面黒板に掲示し、子どもの名札を担当欄に貼る。
5. 週のはじめに日直（または掲示板係）が名札を一つずつ下にずらす。

	すること	あとしまつ	たんとう
教室	ほうき	前のゴミ箱	なまえ
		つくえならべ	なまえ
			なまえ
		ほうきの片付け	なまえ
黒板	ぞうきん	バケツ１	なまえ
		えんぴつけずり	なまえ
机・棚	ぞうきん	赤いバケツ	なまえ
		ぞうきん片付け	なまえ
			なまえ
ろうか	ほうき	そうじ道具入れ	なまえ
			なまえ
手洗い場	スポンジたわし	スポンジ・たわしの片付け	なまえ
			なまえ
トイレ	ブラシ	ブラシの片付け	なまえ
			なまえ
	ほうき	ほうきの片付け	なまえ
			なまえ

そうじ当番

▲縦型一覧当番表の例　　マグネット名札

◇縦型一覧当番表のメリット

- 誰が何をするかが明確になる。
- それぞれの仕事を全員が平等に経験することができる。
- 掃除場所ごとの人数調整ができる。

縦型一覧当番表は給食当番にも活用できます。
そうじ当番表と一体化させると、より効率的です。
給食当番の子は、掃除は比較的楽なものを担当するようにしても良いでしょう。

	そうじ当番			給食当番	
	すること	あとしまつ	たんとう	はこぶもの	はいぜん
教室	ほうき	前のゴミ箱	なまえ	パン・ごはん	パン・ごはん
		つくえならべ	なまえ	パン・ごはん	パン・ごはん
		ほうきの片付け	なまえ	大おかず	大おかず
			なまえ	大おかず	大おかず
黒板	ぞうきん	バケツ1	なまえ	小おかず	小おかず
		えんぴつけずり	なまえ	小おかず	小おかず
机・棚	ぞうきん	赤いバケツ	なまえ	しょっき	ジャムなど
		ぞうきん片付け	なまえ	しょっき	スプーン
			なまえ	ぎゅうにゅう	ぎゅうにゅう
ろうか	ほうき	そうじ道具入れ	なまえ	ぎゅうにゅう	ぎゅうにゅう
			なまえ		
			なまえ		
			なまえ		
トイレ	ブラシ	ブラシの片付け	なまえ		
			なまえ		
	ほうき	ほうきの片付け	なまえ		
			なまえ		

教室後方の黒板に掲示する

表の中の各項目は、学校やクラスの事情に合わせて作ってください。
40名程度までのクラスなら、縦型で対応できると思います。
人数が多く、分担場所がない場合は、「そうじチェック係」「先生のお手伝い係」等を加えましょう。

Chapter2　日々の学級経営の仕事術

06 ただ叱ってもはじまらない 子どもの自覚を促す忘れ物指導

忘れ物を繰り返す子どもにイライラするのは、よくあるケース。
指導方法の工夫で子どもの自覚と注意を促すことが可能です。

ダンドリPoint

忘れ物はだいたい同じ子どもが頻繁に起こします。そんな子どもにくどくどとお説教をしても効果は薄く、教師はイライラするばかりで良いことがありません。長期的な視点で、じっくりと指導に取り組みましょう。

忘れ物指導のコツ

忘れ物は、すぐに改善できるものではありません。まずは、子ども自身の自覚（忘れ物をすると周りに迷惑をかける。自分の学校生活に支障をきたす。等）が大切になります。子どもが忘れ物というミスを自分で対処することで、自覚を促していきます。下記および右ページの具体策を参考にして、忘れ物のルールを作りましょう。

1. 連絡帳に【忘れ物の内容】を書く。

2. 連絡帳に書いたページを教師に見せて報告する。
   同時に、対処法（借りる、見せてもらう等）を
   報告する。
   ●忘れ物の具体的な対応案
   ・教科書…隣の席の子どもに見せてもらう。
   ・筆　箱…教師が筆記具を貸し出す。
   ・ノート…ノートの代わりになる用紙を渡し、後でノートに貼付する。
   ・宿　題…いつ取り組むか（自習時間等）子どもと話し合い、必ず提出させる。
   ★「どうすればいいか分からなかった」等、教師のサポートが必要な場合も
   　あるので、子どもの話を良く聞くこと。

連絡帳に記入

※協力してくれる友達や教師に、きちんとお願いとお礼の言葉を伝えるように指導する。

教師は短く的確に注意して、子どもの意識を少しずつ変えていくことが求められます。
そこで、
　●日直や友達からの声かけ
　●連絡帳の記入・確認
　●やってくることや持ってくるものを声に出して言わせる
等の取り組みを根気強く続けます。子どもが忘れ物をするたびにイライラせず、長期的な視点でじっくり取り組みましょう。

忘れ物のルール

ノートや学習道具を忘れたとき

1. 先生に伝える。
   「×××を忘れてしまいました。」

2. 連絡帳に忘れ物を書く。

3. 連絡帳を先生に見せて、どうするか伝える。
   「連絡帳に×××を忘れましたと書きました」
   例)「学習道具（紙・えん筆）をかりてもいいですか？」
   　　「教科書を〇〇さんに見せてもらってもいいですか？」

4. ノートを忘れた人は、自分で**忘れ物ノート**※の紙をもらう。
5. 教科書をかりるとき、となりの子に伝えよう。
   「×××を忘れてしまったので、すいませんが、〇〇さん、見せてください。」

かりたものを返すとき、見せてもらったときは、「ありがとうございます」とお礼の言葉を伝えましょう。

※**忘れ物ノート**（自分のノートを持ってきたら貼ります）

　　　　　　　　年　　組　　番（名前　　　　　　　）

子どもがノートを忘れた時のために、教室に用紙を用意しておきます。どんな教科でも対応できるよう5ミリ程度の方眼紙にしておくと良いでしょう。子どもはこの用紙で授業を受け、後で自分のノートに貼ります。

> いくら指導しても宿題忘れが頻発したり、ノート購入が遅い場合は、家庭の事情（経済的、精神的側面等）のシグナルかもしれません。管理職に報告し、家庭訪問等の対応も検討します。

忘れ物ノート（方眼タイプ）

年　　組　　番（名前　　　　　　）

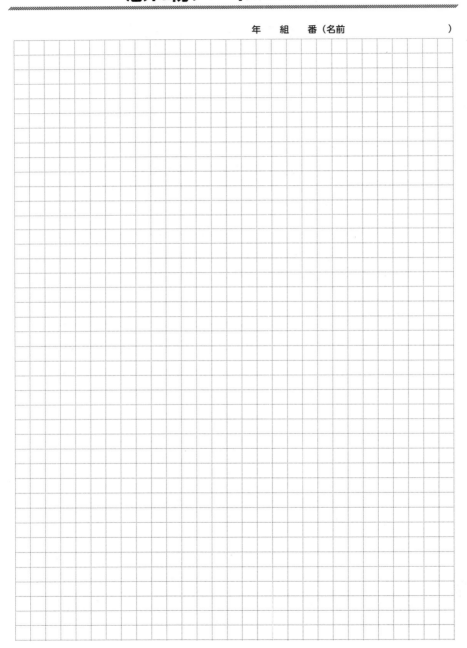

忘れ物ノート（漢字練習用 84 字詰め）

年　　組　　番（名前　　　　　　　　　）

Chapter 2　日々の学級経営の仕事術

Chapter2 日々の学級経営の仕事術

07 視覚で伝えるハンドサイン
言葉を使わずに指示を伝えるために

大きな声を出さずに子どもたちに指示ができるハンドサインを使えば、静かな場所での行動や災害時に役立ちます。

ダンドリPoint

　地震や災害等の緊急時に子どもたちが騒いで教師の声が耳に届かないことがあります。また、子どもを連れて公共の場に出た時に教師が大声で話すのは、周りの迷惑になることも…。ハンドサインを使えば静かに子どもに指導や指示が出せます。

視覚刺激で指導ができるハンドサイン

ハンドサインの利点

- 視覚（見る）だけで、子どもが指導内容を理解できる。
- 子どもが教師のほうを見る習慣がつく。
- 緊急時の整列・点呼がスムーズにできる。

　災害時や声が通りにくい屋外で行動しなければならなくなることを想定し、ルールをしっかり理解させておきましょう。これが子どもの命を守ることにつながります。
　ゲームを使って楽しみながらハンドサインを教えれば、子どもたちもすぐに覚えることができ、予行練習にもなります。

さらに Step up!

　通常時にも使えますが、校外学習の時は場面に応じた指示ができるので、特に効果的にハンドサインが使えます。
　例）道路の横断で２列では青信号の時間内に全員が渡ることが難しい時
　①ハンドサインで一時的に４列になって素早く渡ります。
　②渡った後は２列に戻し、道幅を邪魔することなくより安全に移動します。

ハンドサインのルール表

〜おぼえよう〜

ハンドサインは遠足やきんきゅうの時に役立ちます。

 静かにします

 2列になります

 4列になります

 前ならえです

 座ります

ハンドサインの組み合わせ例

右手　　左手
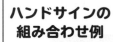
2列で前ならえ

2列で座ります

4列で座ります

4列で座ります

【ハンドサインゲーム】で楽しみながら覚えよう

ふえ鬼（増え鬼：最初は鬼が数人で鬼ごっこをスタートする。鬼にタッチされた人はその場で鬼に変身する。鬼がどんどん増えていくゲーム）

①運動場に出てふえ鬼をする。途中で、教師がハンドサインを出す。子どもたちはできるだけ早くハンドサインに従った行動をする。
②子どもたちは遊びながら教師の様子を観察するようになり、素早い反応ができるようになる。
③ふえ鬼で生き残った子どもたちに、周りの子どもが拍手。（ゲーム性が高まる）

※子どもたちに人気のゲーム（こおり鬼・バナナ鬼等）でも良い。

Chapter2 日々の学級経営の仕事術

毎日使用し、教師と家庭を繋ぐ大切なものだから

08 連絡帳の目的と基本的な使い方を理解する

連絡帳は明日のための備忘録と、家庭との情報交換に使用する大切なもの。目的と使い方を押さえて上手に運用しましょう。

ダンドリPoint

　連絡帳は円滑な学級経営のために欠かせないアイテムです。明日の授業で必要な物や宿題等、忘れ物がないように子どもは連絡帳で確認します。また、保護者との情報交換ツールでもあるので、教師は確認と返事に注意を払うことも大切です。

連絡帳の役割と使い方のコツ

第一は、明日の授業で忘れ物をしないための備忘録

　連絡帳の主な役割は、明日の予定や持ち物、宿題等について、子どもが忘れないように記録すること。忘れてはいけないことをメモして準備や宿題を進めていく…。子どもの自律的な生活を習慣づける助けになるもの。

保護者への連絡や保護者との情報交換

　個別に保護者に伝えるべきことや、保護者から教師に伝えたいことは、毎日あるものではない。通常は、保護者は確認のサインだけ、教師も特別な場合（子どもの頑張りを伝えるとき等）以外は、無理にコメントなどは書かずに確認のサインで済ませるケースが多い。

苦情対応は電話か対面で！（p.102参照）

　連絡帳に保護者が苦情を書くこともある。そのような場合は、連絡帳では返事をせず、電話もしくは直接会って対応することが大切。
　連絡帳に書いた文章が、後で取り返しのつかないトラブルに発展することがあります。

連絡帳運用の概要

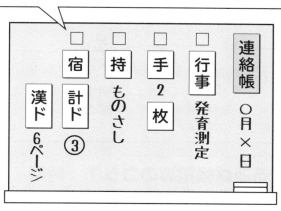

　定型句をマグネットシート化（p.40 参照）しておけば効率よく伝達できます。［音読］［計算ドリル］［漢字ドリル］等、頻度が高い宿題もシート化しておけば該当ページを書くだけで済みます。連絡帳専用にホワイトボードを用意するとさらに便利です。

連絡帳は『朝』記入する

　連絡帳は以下のような流れで運用します。記録の抜け漏れ防止と丁寧な記載のために、朝のうちに書く方法を次ページで詳しく解説しているので、参考にしてください。

- □保護者の確認サイン（前日のもの）が入った連絡帳を持って登校
- □始業前に黒板に掲示してある連絡事項を自分の連絡帳に記入
- □記入が終わったら、連絡帳用かごに入れて提出。ただし保護者から連絡がある時はかごに入れず、教師の机に置かせる。
- □教師は、帰りの会までに連絡帳に目を通し確認サインを記入し返却
- □連絡帳を持って下校
- □家に帰ったら連絡帳を見ながら明日の準備。終わった項目にはチェックを入れる。保護者は確認サインを記入。

Chapter2　日々の学級経営の仕事術

保護者が思わず感動する連絡帳!!
09　子どもが丁寧に記入する秘策

連絡帳に書いてある字が汚くて読めない、そもそも書かない等の保護者の不満を解消すれば、信頼関係がアップします。

　ダンドリPoint

　連絡帳への記入内容は、多くの保護者が気にする部分です。ところが、判読不可能な乱暴な字や、そもそも記入しない子どもも出てきます。連絡帳記入の指導は《時間》と《意識づけ》の２つのポイントを押さえることで、連絡帳にまつわるトラブルを減らし、保護者との信頼関係もアップします。

保護者が感動する連絡帳指導のコツ①　時間

『朝』がポイント

朝、登校して最初の作業を連絡帳の記入にすると、すき間時間の記入に比べてグンと丁寧な字が増えます。

- ●大きめのホワイトボードを用意すると良い。
　教師が前日に記入して、メインの黒板の前に掲示しておくことができる。
　落ち着いて準備できるので、教師の書き忘れを防ぐことができる。

※補助黒板を使用する際も同様。前日に連絡帳への記入事項を書いておくこと。

- ●朝、登校して教室に着いたら、最初に『連絡帳を記入』するように指導する。
　登校→着席→連絡帳までを朝の習慣になるように指導する。

- ●保護者から連絡（連絡帳の提出）があるときは、連絡帳を書いてから該当ページを開いて教師の机に置くこと。

保護者が感動する連絡帳指導のコツ② 意識づけ

連絡帳名人制度で意識づけ

昇級というご褒美で、丁寧な記入を習慣化できます。

《連絡帳名人制度の流れ》

●1学期
- スタートは30級。前日と比べて、字が丁寧に書かれている時は昇級となる。
- 5の倍数の級を一区切りとして、25級、20級、15級……5級の時には、ご褒美のシールを貼る。

- 6月頃には1級［連絡帳名人］になる子どもが出てくる。
- 連絡帳名人に達した子どもには認定証（p.73参照）を渡す。
⇒進級が進まない子どもの動機づけになる。

- 7月にはほぼ全員が［連絡帳名人］になるように評価をゆるめる。

- 1学期の保護者懇談会で、連絡帳の話題を出す。
「連絡帳の字が丁寧になり感心しています…」
「保護者の方も、きれいな字を見た時は褒めてください」等。

●2学期以降
- 初段から段を増やし［連絡帳名人］を目指す。
- 段位は漢数字で書く（例：三段、五段）

※「連絡帳名人制度」（p.72参照）の説明文を子どもの連絡帳に貼っておくと、保護者に取り組みの意図が伝わります。子どもたちが楽しみながら連絡帳を書いていくようになります。

突発的に飛び級（2級）昇級の日といったイベントを行い、意欲喚起します。これは、間欠強化（不定期に行う条件付け）と呼ばれます。子どもたちの意欲が刺激され、定期的に一つずつ級を上げるよりも、行動（字を丁寧に書くようになること）が定着しやすくなります。

めざせ、連絡帳名人!!

＿＿＿＿＿組の連絡帳を進級式にします。じぶんの中の1番ていねいな字で書きましょう。ていねいな字なら先生のサインのかわりに級や段を書きます。

－やりかた－

- はじまりはみんな30級からです。
- ていねいな字を書くと、次の級に上がります。
  ていねいではない場合は、同じ級のままです。
  級は数字がへっていくほど上の級になります。
- 1級まで行くと、次は段にかわります。
  段は数字がふえていくほど上の段になります。
- 段になると数字が漢字になります。

※連絡帳をわすれたときは進級できません。

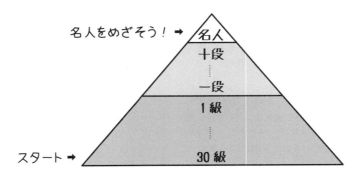

連絡帳をていねいに書いて、名人をめざそう!

　最終的には「名人」を目指すとしても、例えば段に上がる時に「達人」認定をしてあげる等、目標を段階的に設定し、子どもの意欲が継続するよう工夫してこの認定証を使ってください。
　また、最後には全員が認定証を手にできるように、教師がコントロールして級を上げていきます。賞状をもらったことのない子どもにとっては、この認定証が宝物になります。

Chapter2　日々の学級経営の仕事術

10　宿題は量とバランスが大事！

[学年×10＋10] が目安

宿題は多すぎても少なすぎても子どものためになりません。
宿題の量と出し方を工夫しましょう。

ダンドリPoint

　宿題（家庭学習）は多すぎると子どもへの負担を増やし、少なすぎると家庭学習の習慣化につながらなくなり、さじ加減が難しいものです。また、チェック（丸つけ）が必要な宿題が多いと教師の負担増になります。宿題の量は一定の目安を守り、出し方を工夫しましょう。

宿題（家庭学習）の出し方

2年生は
2×10+10分で…
30分ね！

宿題の適量は

学年×１０＋１０分

でできる分量が目安

宿題の基本3点

①音読
- 音読の範囲は2～10ページ程度(学年で調整)を1回行う。
- 読めない漢字は事前に授業でふりがなをふるように指導する。
- 基本は国語の教科書。社会や理科等も良い。

②漢字ドリル
- 新出漢字（1日2～3字）を漢字ノートに書いて練習するように指導する。
- 週末や休日前の宿題は少し多めに出しても良い。
  ※週末は、漢字ドリルの小テスト10問分の漢字を2回ずつ書かせるのが一般的。

③計算ドリル
- ドリル1ページ分を目安に、問題をノートに書いて取り組むように指導する。
- 難しい単元の場合は、難易度の低い基本的な問題を載せた算数プリントに切り替える。

※家庭ごとの事情に対応できる「**自主学習ノート**」（右ページ）の活用がおすすめ。
※保護者の反応をみて、問題がなければ続け、意見が出たら変更する柔軟さが大切。

宿題（家庭学習）は工夫が大事

宿題（家庭学習）は、「毎日決まった量を平等に出せば良い」というものではありません。家庭の事情等にも考慮し、柔軟に対応できる方法を考えることが大切です。

宿題の量を調節し、家庭ごとに対応できる
自習学習ノート

●利点
- 子どもの忙しさ（習い事等）に応じることができる。
- 取り組みの内容は、教師が子どもの様子を把握するヒントになる。

●自習学習ノートで取り組むもの
- 子どもが興味のある事がらを図鑑などで調べてまとめる。
- 図書室（図書館）の利用なども勧めると良い。
- 子どもが自主的に取り組みたいもの。

丸つけ省力化の工夫

丸つけは毎日の仕事なので効率良く行うことができるように実態に応じて工夫しましょう。

①音読
- 音読カードとスタンプを用意。カードへのスタンプ押しは係の仕事とし、教師は確認だけをする方法もある。

②漢字ドリル
- 漢字は間違いが多いので、必ず教師が丸つけをする。
- 訂正箇所には子どもが確認しやすいように付箋をつける。

③計算ドリル
- 答えあわせの時間を朝に取り、子どもが自分で丸つけする。
※慌てると丸のつけ間違いが起きやすいので時間は十分に確保し、間違いのないようにすることが大切。
※最終確認は教師が行う。

COLUMN 2

―子どもの日常観察のコツ―
必須業務のついでに記録しよう！

　子どもたちの成長を確認するためには、日常の様子の記録をつけておくことが大切ですが、つい書きそびれてしまうことが多いもの。ノートチェック等のような必要業務のタイミングに、該当する子どもの様子を思い返して記録をすると継続できます。

ノートチェックの際に気づきを記録

　各教科のノートの評価は、学期末までに必ず1回は行うようにします。ノートから、子どもの様子や学びが分かります。授業の振り返り等を読んでいると、ノートを書いた日の出来事を思い出すこともあるでしょう。特に、子どもの成長を感じたことについて記録します。

　私は、週ごとにノートチェックをする教科を変えているのですが、授業時数の多い教科から順に確認しています。これを週1回できれば、成績評価の時期までに各教科2～3回はノートを確認できることになります。

　また、ノートには、ほかの子の「良かったこと」等が書かれていることがあります。そうした内容も、評価された子のところに記録しておきます。

行事の前後は子どもたちの様子を注視する

　行事の前後には、通常授業の時には分からない子どもの輝きを見ることができます。行事に取り組む姿や、友達との関わり方など、私は子どもたちのさまざまな面に注視して気づいたことを記録しています。運動会の場合には、練習期間の半ばを消化したあたりで子どもたちの練習中の様子を振り返って記録し、運動会終了後にもう一度記録するようにしています。所見を書くことを意識すると記録する意欲が維持できます。

学期後半には、記録の少ない子に目を向ける

　子どもたち全員を同じように観察しているつもりでも、記録が多い子どもと少ない子どもが出てくるものです。学期半ばにこうした状況を確認し、学期後半には、記録の少ない子に意識を向けるようにします。

Chapter2　日々の学級経営の仕事術

楽しみながら社会性や自主性を育む工夫

11 ゲームを使って指導する

"ゲームはルールを守るからこそ楽しい！"ことを実感させながら、子どもたちが楽しみながら学ぶ工夫をしよう。

ダンドリPoint

　各科目の指導だけではなく社会のルールを大切にする心を育むことも大事な指導の一つです。一方で、きまりやルールを提示するだけではなかなか守ってはくれません。子どもたちが楽しみながら取り組めるゲームを使って、規範意識や自主性につなげていきましょう。

ゲームを使って楽しく学ぼう

●**学校でゲームを行うことの意味**
　私たちは生活の中で社会のきまりを体験的に学んでいます。特に、子どもたちにとって、"遊び"は社会性を育む大事な機会になります。
　例えば、昔は子どもたちの異学年のつながりで、きまりが伝承されていました。遊びの中で、年下の子や運動等が苦手な子どもにハンデを与えることで弱者に配慮し、全員で楽しめるようにしていました。それが、小さな社会なりに暗黙の規範（ルール）として存在していました。ゲームをみんなが楽しめるものにする工夫の中で、社会のきまりの大切さを体感していたのです。このように、社会のルールを学ぶことの原点がゲームにはあります。それが、学校でゲームを行うことの大きな意味だと考えます。ゲームの種類は3～5種類に限定し、繰り返すことで暗黙知（空気感）としてのルールを自然と学ぶことができるのです。

●**ゲームを通してルールを守ることのメリットを実感させる**
　規範意識を身につけるためにルールを繰り返すことは大切です。しかし、退屈な学校のきまりを守らせることを繰り返すだけでは、ルールを守ることのメリットは実感しづらいものです。
　子どもたちが大好きなゲームを楽しんでいる中で、ルールがあるからゲームは楽しいのだということを実感させ、「ルールの大切さ」「ルールを守ることのメリット」の理解につなげます。

★楽しみながらゲームを行うことで、こんなことが期待できます★

・人の話を聞く姿勢
・学級を落ち着かせるためのけじめ
・規範意識
・コミュニケーション力　　　　など

どんなゲームをすればいいの？
多くの学校で定番となっている、子どもにウケけて効果的なゲームをp.80～p.91で紹介しています！

ゲームでクラスが落ち着きを取り戻した例

先輩から、ゲームとその進行方法を教わり、実践してみると……。

ゲーム案は p.80 〜 p.91 で紹介しています！

ゲームには楽しみながらソーシャル・スキルを育成する効果がねらえるものがあります。

ゲームを精選し、繰り返し楽しむことによりソーシャル・スキルが高まることが期待されます。

計算ドリルを繰り返し行うことで計算力が高まるのと同じだね！

Chapter2　日々の学級経営の仕事術

ゲームを使って楽しく学ぶ①…人の話を聞く力を育む

12 [船長さんの命令ゲーム]

子どもは話を「聞かない」のではなく、「聞き取る力が弱い」のかもしれません。人の話を聞く力を育むゲームを紹介します。

ダンドリPoint

　教室でも家庭でも、言われたことを聞き取りすぐに実行する子どもであって欲しいと願うものです。そのためには、言われたことを聞き取る力が必要です。この「聞き取る力」を高めるゲームを紹介します。

[船長さんの命令ゲーム]

ゲームのやり方

①まず、**船長さん**を決める。
　※はじめは教師が、慣れてきたら日直やくじ引きで決めた子どもが船長になる。

②全員起立し、船長役が前に立つ。
　船長役が「**船長さんの命令です。**●●してください。」と行動を指示したら、みんなはその指示に従う。

③船長役が「●●してください。」と前振りせずに行動を指示したら、みんなは動いてはいけない。

④間違えた人はその場に座る。最後まで残った人の勝ち。

※はじめはズルをしてしまう子どもも、ゲームの回数が増えるにつれて周りから指摘されてルールに従うようになります。あくまでもゲームなので、「楽しさ」を忘れないように活動しましょう。

　「子どもが話を聞かない」という時、実は話を聞く意思はあるのに聞き取る力が十分に育っていないことも考えられます。やる気がないのではなく、指示を聞き取ることに困難を示す子どもに対して叱っても無駄なばかりか、子どもの荒れや不登校の原因にもなりかねません。ゲームを通じて、子どもの様子を見極めることが大切です。

[船長さんの命令ゲーム]の実践例

　道具を使わないゲームなので、いつでもどこでも簡単にできるところが、このゲームの良さでもあります。教室内だけでなく、校外学習で発生する待ち時間等にも活用できます。命令を考えるのは大変なので、まずはこの台本を使いましょう。また、子どもたちとアイデアを出しあい、さまざまな工夫をして楽しみながら学級運営に役立てましょう。

(1) 朝のホームルームで

ゲーム開始を宣言。「船長さんの命令ゲーーーム。先生が船長さんです!」

「船長さんの命令です。右手をピンと上げてください。」(挙手の訓練)

「船長さんの命令です。左手をピンと上げてください。」

「船長さんの命令です。右足を上げてください。」(両手と片足が上がっていて大変!)

「<u>店長さん</u>の命令です。右足を下げてください。」(言い間違いに気づくかな?)

「疲れたでしょう? 手足を下ろしていいですよ。」(船長さんの命令じゃないよ!?)

「船長さんの命令です。手足を下ろして座ってください。」

「船長さんの命令です。イスを中に入れて起立しましょう。」

「船長さんの命令です。元気に挨拶しましょう。おはようございます。」

「着席」(船長さんの命令じゃないよ!)

(改めて)「船長さんの命令です。着席して授業の用意をしましょう!」

ゲーム終了を告げて、授業に入る。

　休み明けなどで教室がざわついているときや、雨の日が続いて子どもたちのエネルギーがありあまっているようなときに、唐突にこのゲームを始めると、子どもたちの気分が一気に高まり効果的です。

(2) 授業が早く終わった時

ゲーム開始を宣言。「船長さんの命令ゲーーーム。先生が船長さんです！」

「船長さんの命令です。教科書とノートをしまいましょう。」

「船長さんの命令です。自分のまわりのゴミを 5 つ拾ってゴミ箱に捨てましょう。」

「<u>班</u>さんの命令です。〇〇班の人は立ちましょう。」（言い間違いに気づくかな？）

「<u>館長</u>さんの命令です。△△班の人は立ちましょう。」（また間違えてる!!）

「船長さんの命令です。全員起立。」

「船長さんの命令です。元気に挨拶しましょう。ありがとうございました！」

ゲーム終了を告げて、休み時間に。

> 少し早めに授業が終わることもあるでしょう。そんなとき、自分のクラスだけ休み時間にしてしまうと、子どもが騒いで他のクラスの迷惑になってしまいます。ちょっとした時間調整にもこのゲームは有効です。

(3) 軽い運動を目的に行う場合

ゲーム開始を宣言。「船長さんの命令ゲーーーム。先生が船長さんです！」

「船長さんの命令です。全員イスを中に入れて立ちましょう。」

「船長さんの命令です。右足でケンケンしてください。」

「<u>社長</u>さんの命令です。左足ケンケンに変えてください。」（言い間違いに気づくかな？）

「船長さんの命令です。今度こそ、左足ケンケンに変えてください。」

「<u>団長</u>さんの命令です。そのまま手をたたきましょう。」（また間違えてる!!）

「船長さんの命令です。ケンケンをやめて手をたたきましょう。」

「手をたたくのをやめましょう。」（船長さんの命令じゃないよ！）

「船長さんの命令です。間違えて座った人も立って、全員両手を肩の上に乗せましょう。」

「船長さんの命令です。そのまま肘を大きく回しましょう。」（見本を見せる）

「船長さんの命令です。次は首を回しましょう。」

ゲーム終了を告げて、授業に入る。

> 4 時間目の授業前など、子どもが疲れた様子を見せたり、集中力がないと感じたときには、軽く身体を動かして気分転換にゲームを利用します。

（4） 帰りの会を始める前に

ゲーム開始を宣言。「船長さんの命令ゲーーーム。先生が船長さんです！」

「船長さんの命令です。A班の人はランドセルを取りに行きましょう。」

「船長さんの命令です。B班の人はランドセルを取りに行きましょう。」

「C班の人はランドセルを取りに行きましょう。」（船長さんの命令じゃないよ！）

「船長さんの命令です。D班の人はランドセルを取りに行きましょう。」

「<u>部長さん</u>の命令です。C班の人はランドセルを取りに行きましょう。」（また間違えてる！！）

「船長さんの命令です。おまたせしました！C班の人はランドセルを取りに行きましょう。」

ゲーム終了を告げて、帰りの会を開始。

帰りの荷物が多いときなど、ロッカーが混雑してトラブルが発生してしまうことも。ただ順番にと指示するのではなく、ゲームで楽しみながら順番を待てば子どももイライラしません。楽しく、また、落ち着いた雰囲気で一日を終えることはとても大切です。

（5） 子どもが船長さんになる場合

　慣れてきたら、時には子どもにも船長役をやってもらう。人前で話すトレーニングにもなり、子どもの発想でユニークな『命令』が期待できて楽しめる。
　ただし、無計画に行って悪ふざけになるのは逆効果なので、どのような目的をもって船長役をやるのかを話してから始めること。
　例えば、図工や体育の時間に使う道具の準備や片付けの時等がおすすめ。

ゲーム開始を宣言。「今日の船長さんは日直の〇〇さん、お願いします。」
　　　　　　　　「船長さんの命令を聞いて、みんなで跳び箱を片付けましょう。」
ここから子ども船長さんに従う。
教師はけがや事故のないように見守りつつ、一緒に楽しむ。

「船長さんの命令です。A班の人、マットを片付けましょう。」

「B班の男子、跳び箱の一番上を片付けましょう。」（船長さんの命令じゃないよ！）

「船長さんの命令です。先生は跳び箱の一番上を片付けてケンケンで戻りましょう。」

……片付けが完了したら、ゲーム終了を宣言。授業を終える。

難易度は高いですが、ゲームの進行を子どもに任せることは、自主性や自発性を育むことにもつながります。また、真面目に役目を果たそうとする子どもやふざけてしまう子ども等、個性を見極める良い機会にもなります。

Chapter2　日々の学級経営の仕事術

ゲームを使って楽しく学ぶ②…教室の空気を明るく変える

13 [班でおえかきゲーム]

短時間で子どもを笑顔に変える方法を知っていると、沈んだ教室の雰囲気を一変させることができます。

ダンドリPoint

厳しく叱らなくてはならない場面ではしっかり指導します。同時に、その後のフォローを丁寧に行いましょう。メリハリのある指導をすることも、教師に求められる力のひとつです。[班でおえかきゲーム]は子どもも教師も気持ちをリフレッシュできる楽しいゲームです。

気分が一気に上がり、リフレッシュするゲームを用意しよう

「あーあ、、、」子どものため息は持ち帰らせない

ときには厳しく叱ることは必要ですが、重くなった雰囲気のまま帰宅させてしまうと、学校やクラス、教員等に対するマイナスイメージまで持ち帰ってしまいます。しかも、こうした状況が続くと不登校を誘発する恐れがあります。

気持ちを切り替え、リフレッシュしてから下校させる

厳しく指導した後には、気持ちの切り替えを素早く行うゲームを実施し、リフレッシュしてから下校させましょう。

「馬鹿馬鹿しさ」がポイント

子どもが沈んだ気持ちを切り替えるための楽しいゲームは、「馬鹿馬鹿しさ」と「仲間と盛り上がる」ことがポイントです。

「班でおえかきゲーム」は、班ごとに単純かつ誰もが知っているものの一部をパーツごとにリレー形式で描くことで、一気に盛り上がります。

このような雰囲気を変える引き金（トリガー）を作り、暗い雰囲気に沈んだ子どもたちや教師の心を一気にリフレッシュしましょう。

［班でおえかきゲーム］のやり方

　各班に分かれ、班のメンバーがリレー形式で1枚の絵を完成させるゲームです。クラス全員が知っているキャラクター等を題材にして行います。校長先生など、身近な人の似顔絵を題材にしても楽しめます。

ゲームのやり方

①6〜8人程度の班に分かれる。

②各班に四つ切画用紙とネームペンを配る。
　その間に、各班で絵を描く順番を決める。

③題材を発表する。
　「今日はみんなで〇〇えもんを描いてみましょう！」

④ゲームスタート。
「1番目の人は目を描いてください。」
「2番めの人は鼻を描いてください。」
「3番目の人は口を描いてください。」
……
というように、顔や体の一部をパーツごとにバトンタッチしながら描いていく。
1人15秒くらいで行うと盛り上がりやすい。

⑤最低でも1人1回は順番が回るようにする。

⑥最後に「作品発表タイム」を設け、各班の作品を見せあう。数人で1つの作品を描くのでバランスが崩れたり、題材とは程遠い仕上がりになったりして爆笑間違いなし！

　絵のうまさを競うのではなく、面白おかしい絵ができあがることを無邪気に楽しむゲームです。気分のリフレッシュだけでなく、みんなで協力するので、仲間意識も高まります。

Chapter2 日々の学級経営の仕事術

ゲームを使って楽しく学ぶ③…発言のルールを理解する

14 [聖徳太子ゲーム]

子どもたちが一斉に発言すると教師は「分からない」ことを、経験から理解することができるゲームを紹介します。

ダンドリPoint

　子どもたちが手をあげずに、口々に話しはじめて苦労している先生がいるかもしれませんが、叱るだけではなかなか改善できないことがあるでしょう。そんなときは、ゲームを使って、実際の状況を経験させます。ただ叱るより、「あ、面白い先生だな！」と一目置いてもらえるかもしれません。

口々に発言がはじまったら…

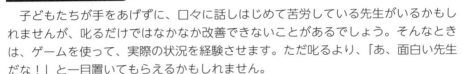

　いつも一本調子な指導や、「うるさい！」「静かにしなさい！」の指導では、子どもたちの心に突き刺さりません。「実験しよう！」の声かけで聖徳太子ゲームをすると、「楽しそう！」と表情が変わり、実際の経験から子どもは理解するでしょう。もちろん、騒がしいときは「静かにしなさい！」とハッキリ伝えることも大切です。

[聖徳太子ゲーム] のやり方

ゲームのやり方

①ゲームの趣旨を説明。「先生はみんなが一斉に話すと聞き取れないけど、聖徳太子という人は10人の話を一度に聞き取れたそうです。このクラスの中に聖徳太子みたいな人がいるかな？実験してみよう。」

②口々に発言していた子どもを含めて10人くらいを選出。「一斉に言う係」に任命。廊下に出て、一斉に言うテーマを相談する。（例：動物の名前・好きなアニメ・昨日の晩ごはん等）

③「一斉に言う係」はみんなの前に立ち、「せーの」で一斉に②で決めた言葉を言う。

④席についている子どもは、誰が何を言ったかを当てる。2〜3回繰り返して、一度に話す10人の言葉を聞き分けるのは難しいことを体験する。

⑤「聖徳太子のように一斉に話を聞き取るのは難しいことが分かりましたね。先生も聖徳太子にはなれません。発言したいことがある人は、手をあげて一人ずつ発表してください」

⑥以降、同じようにクラスが騒がしくなったら、「聖徳太子ゲームを思い出して、一人ずつ発言しよう！」と声をかける。ただ「うるさい！」と叱るとクラスの雰囲気は悪くなるが、ゲームと言われれば子どもたちは萎縮せずに先生の話を聞くようになる。子どもの記憶が薄れてきたら、再びこのゲームをすると良い。

Chapter2　日々の学級経営の仕事術

ゲームを使って楽しく学ぶ④…授業にメリハリ！学習意欲も！

15 すき間時間にゲームをしよう

授業が早く終わった時等のすき間時間に簡単なゲームを行うと、子どもたちはリフレッシュして自然と集中力もつきます。

ダンドリPoint

授業が順調に進んで早く終わったら、短時間で行えるゲームをすれば子どもたちは大喜び。「学習を頑張って授業が早く終わったら、また楽しいことがあるかも!?」という思いから、子どもが前向きに学習に取り組む効果も期待できます。すき間時間のゲームは、気分転換になるのと同時に次の学習への意欲を促す効果があり、メリハリのついたクラスになります。

ゲームでリフレッシュして、学習意欲を促そう！

誰かの得意分野に偏らないゲームを選び、学級の状況や所要時間等に応じて実施しましょう。黒板にチョークでトーナメント表を書いたり、優勝者（優勝グループ）に表彰状をあげたりすると、さらに盛り上がります。

授業での指導内容に合わせて、都道府県早言い大会、漢字クイズ大会等、学習内容と関連のあるゲームは学習意欲を促す効果もあります。子どもの実態に応じて取り入れてみましょう。

すき間時間のゲームはリフレッシュが目的なので、大げさに考えすぎず、簡単にできることを単純に楽しみましょう。

ゲーム盛り上げセット

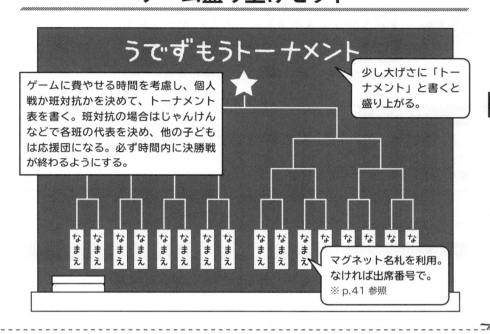

ゲームに費やせる時間を考慮し、個人戦か班対抗かを決めて、トーナメント表を書く。班対抗の場合はじゃんけんなどで各班の代表を決め、他の子どもは応援団になる。必ず時間内に決勝戦が終わるようにする。

少し大げさに「トーナメント」と書くと盛り上がる。

マグネット名札を利用。なければ出席番号で。
※ p.41 参照

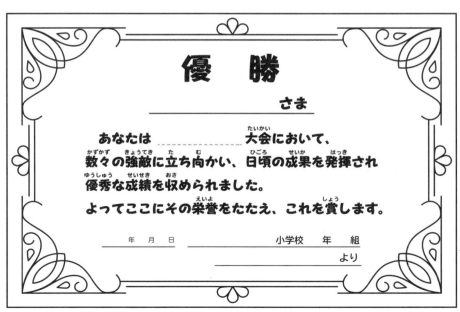

Chapter2 日々の学級経営の仕事術

ゲームを使って楽しく学ぶ⑤…話す力を育む

16 [おもしろ作文ゲーム]

順序立てて話をするための（いつ・どこで・だれが・なにを・どうした）を、ゲームを通して楽しく身につけます。

ダンドリPoint

子どもに状況や事情を聞く場面は多いものです。その時、「いつ」「どこで」「だれが」「何を」「どうした」の部分をきちんと聞き出さなければなりません。そのために必要な話す力を育むことができる面白いゲームの紹介です。

おもしろ作文ゲーム

ゲームのやり方

①右ページのおもしろ作文シートを人数分用意して1枚ずつ切り分ける。
　※基本は5種類1セット─子ども5名で1つの文を作る。

②机の並びは縦1列5人として、
- 最前列が「いつ」
- 2列目は「どこで」
- 3列目は「だれが」
- 4列目は「何を」
- 5列目は「どうした」

の順番でシートを渡す。（シートには自分の名前を記入）
※子どもが言葉選びに困っているときは「短い文で書くといいよ」とアドバイスし、右ページのようなヒントを伝える。繰り返すことで、子どものイメージの幅も広がっていく。

③列を指定し、最前列の子どもから順番にシートに書いている内容を大きな声で読み上げる。

※ゲームに慣れたら、列に関係なくランダムにシートを渡して記入し、挙手で発表しても良い。
※人を傷つける言葉や気になる言葉は使わないことを必ず伝える。

　すき間時間におもしろ作文ゲームを繰り返すことで、人に分かりやすく話を伝えるためには大切な要素があることを子どもたちは自然と理解し、「いつ」「どこで」「だれが」「何を」「どうした」を含めながら話ができるようになります。言葉が出ない子どもには「おもしろ作文を思い出して、いつのことか教えてくれる？」と声かけをすると、緊張なく状況を伝えることができるでしょう。

おもしろ作文ゲームをやってみよう！

いつ　　名前（　　　　）	いつ　　名前（　　　　）
どこで　名前（　　　　）	どこで　名前（　　　　）
だれが　名前（　　　　）	だれが　名前（　　　　）
何を　　名前（　　　　）	何を　　名前（　　　　）
どうした　名前（　　　　）	どうした　名前（　　　　）

子どもが言葉選びに困った時のヒント（例）

いつ	先生が生まれた日・△さんがくしゃみをしたとき・校長先生がダンスレッスン中
どこで	地球の裏側で・学校で・海の上で
だれが	○○チュウが・○○えもんが・○○先生が（人気キャラクターや先生がおすすめ）
何を	トラックを・猫を・カミナリを
どうした	踏んだ・眠った・食べた・走った（動詞。オチになる）

Chapter 2　日々の学級経営の仕事術

91

Chapter2　日々の学級経営の仕事術

どの学年でも使える！図工の鑑賞指導の工夫

17 作品鑑賞用紙を活用する

図工では、子どもたちが相互に作品を鑑賞し、[作品鑑賞用紙]を使って教師とともに子どもたちの評価も取り入れましょう。

ダンドリPoint

[作品鑑賞用紙]を用いて、子どもたちで相互に作品の評価をさせましょう。作者に賞状を贈ることで、鑑賞結果を伝える方法もあります。この方法は、美術館の子ども向け美術教育プログラムでも用いられています。

作品鑑賞用紙を効果的に使おう

作文が苦手な子どもでも、自分の感性で気に入った作品について文章を書き綴ることは案外できるものです。[作品鑑賞用紙]は、どの学年でも使える便利な用紙です。
作品を掲示して鑑賞の時間を取ることで、友達の作品の良い点を見つけて用紙に記入します。

《作品鑑賞用紙に書くこと》

●友達の作品を見て、感じたことや思ったこと。
　→いいなと思ったことを自由に書いて友達に伝えよう。

●言葉で表現しづらい時は……
　→気に入った箇所を絵で描き示して友達に伝えよう。

※作品鑑賞の評価にも使えます。

感じたことを自由に書こう！
元気な絵だなあ。
色がきれい！
かっこいい！

・子どもたちは嬉しい

自分の作品を友達にしっかり鑑賞してもらえたことや、作品の良い点を評価してもらえると、子どもたちはとても嬉しいものです。

・評価の新たな視点・所見の観点に使える

子どもたちの評価は、教師が気づかない良さが指摘されていることが多く、新たな視点や感性に触れることができます。

さらに Step up！

他の学年の作品鑑賞をすることで相互交流を行うと、作品を通じた異学年交流につながります。

作品鑑賞用紙・賞状

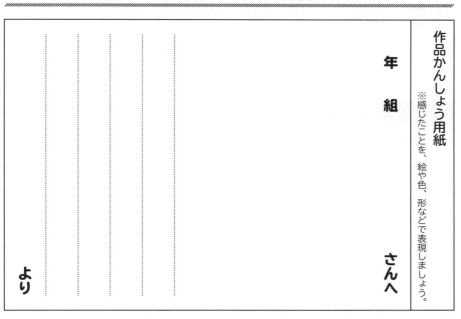

Chapter2　日々の学級経営の仕事術

学級の雰囲気を考えることは大切だから

18　席替えは 学びの環境を重視する

子どもたちは席替えが大好き。時期に応じた席替えで、気持ちをリフレッシュしましょう。ただし、学びの環境は大切に！

ダンドリPoint

席替えは、学級の雰囲気を変える良いきっかけになります。一方で、子どもたちの好き勝手に席替えをするのは考えものです。席替えによって、気持ちを新たにして学習に向かうことができるかを考慮することは大切です。このため、子どもの要望に応えつつ、生活面も考えて席を決めましょう。

時期にあった席替えを

4月	**学級経営スタート期** ・出席番号順に着席する。 ※黒板の字が見えにくい子どもの席は配慮する。（学校保健調査表で事前確認） ！提出物の確認が多い時期。出席番号順で名前を確実に覚える。
5月〜6月	**学級ルールの定着や指導を再確認する時期** ・教師の意図にあった席にするために、［秘密の座席表］（右ページ参照）を使用。 ・最初の保護者会を終えたときの雰囲気や、ゴールデンウィーク前後の子どもの様子により席替えの方法を考える。 ・学級が落ち着いていれば、自由度の高いくじ引きによる席替えでも良い。
7月	**学級が安定している時期** 夏休みまでの日数も少ないので、くじ引きによる席替えでも良い。
9月〜11月	**長期休み明けや行事の後は、学級が荒れやすい時期** ・教師側である程度子どもたちの組み合わせを考えて、学級経営のしやすい席を指定するほうが無難。 ・「学級が落ち着いてきたらまた席替えをしよう」と伝え、子どもたちの前向きな姿勢を引き出す。
12月	**冬休みまで残りわずかな時期** ・授業期間が短いので自由度の高いくじ引きによる席替えでも良い。
1月〜3月	**終業式に向かうまとめの時期** ・学級の状況に応じて席替えを考える。

いろいろな席替えの方法

学級の状況、子どもたちの様子を配慮して席替えの方法を変えると良いでしょう。

席替え方法（1）　くじ引き（くじの作り方は p.127 参照）

①2種類のくじを用意する。（40人学級の例：前方の席用①〜⑩・その他の席用 11〜40）
②まず、黒板の字が見えにくい子どもが前方の席用のくじを引く。
③次に、その他の子どもがくじを引く。

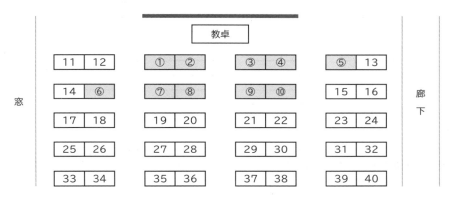

● くじ引き発展案 〜その1〜　自分の席に次に座るのは誰だ！?

①Aさんがくじを引き、その数字を発表する。
②数字と同じ出席番号のBさんがAさんの席に移動する。これを全員で繰り返す。
※自分の席を誰が決めるのかが分からず、イベント性が高まる。

● くじ引き発展案 〜その2〜　［魔法のハガキ］（p.152 参照）活用法

①教師は［魔法のハガキ］にランダムな数字を書き、長期休暇中の子ども宛てに投函。
②子どもは休み明けにハガキを持って登校する。
③座席番号は決めず、1席ずつ場所を示しながら「この席に座る人は……。（教師もしくは日直がくじを引く）○番の人！」と発表し、同じハガキ番号の子どもが座る。

● くじ引き発展案 〜その3〜　［先生の指定席（人気席編）］

①子どもたちに多数決をとって、座りたい席 No.1 〜 No.5（人気席）を決める。
②決定した人気席を1〜5番とし、全員でくじを引く。
③1〜5番が当たった子どもとその席に座っていた子どもが席を交換する。
※全員の席替えではないが、「当たり」があることでワクワク感が増す方法。一部の子どもが入れ替わるだけでも全体の雰囲気が変わることもあるので、大きな問題は起きていないけれどちょっと気になる子ども（最近元気がない・前回の席替え後に騒ぐようになった等）がいると感じる時等に試してみると良い。

席替え方法（2）　秘密の座席表	

①**数字を記入していない座席表**を黒い紙等で隠した［秘密の座席表］とマグネット名札を用意する。※［秘密の座席表］は画用紙程度の大きさで良い。（子どもに覗かせないため）

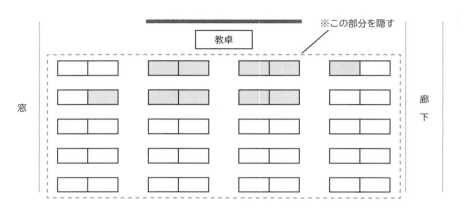

②金曜日の帰りの会に①を見せながら、「**席替えをするので今からくじを引きます。ただし、今回の座席番号は順番に並んではいません。今はまだ秘密です。月曜日の朝、発表するので楽しみにしてください！**」と伝え、（1）の方法でくじ引きをする。

③くじを引いた子どもは黒板にマグネット名札を貼り、自分が引いた番号を名札の隣に書く。

④下校後、**子ども同士の相性、リーダー育成、いじめ防止、協働学習の効果等**を検討し、教師が明確な意図を持って席順を決め、［秘密の座席表］に数字を書き込む。

⑤月曜日の朝の会で［秘密の座席表］を発表し、自分の番号の席に移動させる。

この方法の場合、教師が意図的に決めたことが子どもに気づかれないよう注意します。「くじを引いたのに先生が勝手に決めた」と感じた子どもは教師を信頼しなくなります。

席替え方法（3）　教師による席替え

「学校は勉強をする場所なので、隣の人がうるさいときは教えてください。先生が席を変更することがあります。」と伝える。騒がしいとき等、教師が指導目的の席替えを促すことで、子どもたちが自主的に気をつけようという空気が生まれる。

● 教師による席替え発展案　［先生の指定席（要注意席編）］

①右のような［先生の指定席券］を用意する。
②授業態度に問題がある子どもに対して、何度注意しても改善されないときに［先生の指定席券］を発行する。
③指定席券をもらった子どもは強制的に教師の目の届きやすい「指定席」に移動。その際、先生との約束を記入する。
（例）・授業中は静かにしよう
　　　・授業中は勝手に出歩かない
　　　・ノートをきちんととる　等
④改善が見られるまでは席替えのくじ引きに参加できないことを伝える。

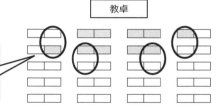

黒板の字が見えにくい子どもへの配慮が優先ですが、右のような教師の目が届きやすい場所を［先生の指定席］にします。

席替え方法（4）　話し合いによる席替え

①まず班長を決める。（自薦他薦を問わず、班の数の班長を選出するために話し合う）
②班長は副班長を指名する。（異性から選ぶ・今と違う班の中から選ぶ等）
③班長＆副班長決定後、各班に所属する子どもをくじ引きで決める。
　（班長がくじを引き、その出席番号の子どもが班のメンバーとなる）
④班が決まったら、授業にふさわしい席を各班の中で話し合って決める。
　（視力などに問題がある子どもは、ここでトレードを受け付ける）

> 　くじ引きによる席替えは子どもが不公平感を持ちにくいので有効ですが、楽しいだけでは子どもの成長につながるとはいえません。席替えも教育的な意図を持って取り組むと、子どもたちの新しい姿が見えてきます。さまざまな方法を試してみましょう。
> 　また、黒板の字が見えにくい子どもの中には後ろの席に座ってみたいと思っている子どももいます。必ず前列と決めつけず、子どもの気持ちも聞いてみましょう。座ってみたら少し後ろの席でも大丈夫な場合もあります。朝の会や帰りの会のときに教師や日直が教室の後ろで進行し、前後が逆になるだけでも前列が定位置の子どもにとっては、新鮮な気持ちになります。

Chapter2　日々の学級経営の仕事術

騒がずに落ち着いた対応がトラブルを減らす

19 紛失時は冷静に対応を

探し物で大騒ぎすると、大騒ぎすることを密かに楽しむ行動を強化しかねません。冷静に、落ち着いて対応しましょう。

ダンドリ Point

学級の備品や子どもの私物の紛失は、学校ではよくあるトラブルの一つです。「みんなで一緒に探そう！」と、クラス全体を巻き込むと授業が中断し、大事になればなるほど、愉快犯（教師や誰かを困らせて大騒ぎすることが面白がること）を生みかねません。冷静に対応して紛失トラブルが起きにくい環境を整えましょう。

物が無くなった！……主な4つの原因

1．実は自宅にあった
「自宅の机の隙間に落ちていました」……これは、一番ホッとする原因。

2．隣の友達が持っていた
学級内で隣の子どもと机が接している場合、机やランドセル等に他の友達の私物が紛れ込むことがある。

3．愉快犯が隠した
「いろんな子どもの物が失なくなる」「同じ子どもの物ばかりがなくなる」等のように、ケースはいろいろ。

紛失物は保護者が「もしかして、いじめ？!」と思うきっかけになりやすいトラブルで、犯人探しに夢中になる先生が出てくることもしばしば。しかし、**犯人探しは、教師が行うことではない。**

4．落とした
記名があれば戻ってくる場合が多く、記名がない場合は発見が困難。

●**物をなくした本人、周りの子ども、保護者それぞれを意識する**
右ページを参考にして、トラブルが発展しないように落ち着いて対応しましょう。

●**愉快犯の思うつぼにはまらない**
大きく騒げば騒ぐほど、愉快犯の思うつぼです。「物がなくなると嫌な気持ちになるね。もし見つけたら教えてね」と言葉かけをして過剰な捜索活動はやめましょう。保護者の方が警察に依頼された場合は、慌てず真摯に状況を伝えます。

子どもの私物が見当たらない時の対応法

● **当事者（物を失くした子ども）に対して**

子どもから「〇〇が無い」と報告を受けたら、まずは、心配していることを伝える。

《学級で》
「・・・さんの〇〇がないようです。
学校では、近くにいる友達のものがまざることがよくあります。みなさんまざっていたら教えてください。」と伝える。
このとき、話は<u>これ以上つけ足さないことが大切</u>。

● **当事者（物を失くした子ども）の保護者に対して**

①**学校で紛失が発覚したとき**
　保護者に電話で知らせる。

②**連絡帳で保護者から紛失の報告を受けたとき**
　連絡帳に返事を記入する。
　『ご連絡ありがとうございます。ご心配されていることでしょう。お電話にてご連絡いたします。』
　状況が確認できていない時点で謝罪の言葉を使うとかえって保護者の不審を招く。
　万一の行き違いを防ぐために文字に残さず、<u>用件は電話で伝える</u>。

電話でこのように伝えよう

①**事実確認（状況に応じて、言い方を考えること）**
　「本日、・・・さんから〇〇が無くなったという報告を受けました。
　連絡帳でもご連絡をいただき、ありがとうございます。〇〇が見当たらないようですね。」

②**対応の説明**
　「学校では班活動等で、近くの席の子どもの私物がまざることがあります。
　よく探してみたら、ご家庭にあったということもあります。
　考えたくはないですが、いたずらの可能性もあります。
　いろいろな原因を考えて、学級でも声をかけています。一つずつ確認していきますので、もうしばらくお待ちいただけますでしょうか？　発見次第、お電話します」

③**それでも見つからなかった場合（家庭で用意してもらうようにお願いする）**
　「〇〇の紛失の件でご連絡致しました。（見つけるための対応にどんなことをしたのか説明をしたうえで）〇日間経ちましたが、学校では見当たりませんでした。申し訳ありませんが、購入などで対応いただけないでしょうか？」
　と伝える。

Chapter2 日々の学級経営の仕事術

20 学級の荒れは原因から取り除く！

割れ窓理論から考える荒れの予兆をすばやくキャッチ

学級が荒れていると感じる前に必ず予兆があります。些細な事でも丁寧に徹底することで子どもを守る環境を作りましょう。

ダンドリPoint

ちょっとした異変に気づき、荒れの防止を徹底するためには経験が必要です。学級の荒れはさまざまな要因が考えられますが、それらに対する手だてを増やすことを意識しながら、学級の雰囲気や子どもの様子に目を配りましょう。また、自分が「荒れ」の原因にならないように意識することも大切です。

予兆に気づき、荒れを防ぐ

●割れ窓理論から考える荒れの予兆

James Q. Wilson and George L. Kelling による「割れ窓理論」は「落書きや窓ガラスの割れ等些細な乱れが放置されていると犯罪が誘発される」という理論です。軽微なことも徹底して対策することで、ニューヨークの治安改善がみられました。

●学級の荒れ防止も凡事徹底が重要

学級経営にも同じことが言えます。何でもないような些細なことでも徹底することが、子どもを守る環境をつくります。

学級でみられる「割れ窓」ケースに次のようなものがあります。

学級内でよくある割れ窓ケースと解決策

CASE1

授業中、1人の子どもが「トイレに行っていいですか？」と言い出したことをきっかけに、次々とトイレに行く子どもたち。トイレに複数の子どもが入り浸ることからクラスが荒れていく。

《解決策》
- トイレは休み時間に済ませるように伝える。
- 授業中にトイレに行きたい場合は1人ずつ行かせる。順番は緊急度順。

CASE2

一人の子どもがケガや体調不良で保健室に行く際に、複数人でついていき授業が始まってもなかなか教室に戻ってこない。

《解決策》
- 保健係だけが付き添うというルールを徹底する。

教師が荒れの原因になっていませんか？

×子どもは心の中で怒り、不満が蓄積
×子どもも休み時間を守らなくなる
×注意すると「先生も時間を守らないのに」と更に不満が蓄積

○休み時間がしっかり取れる
○次の授業もスムーズにスタート！
○教師も子どもも気分よく過ごせる

　教師がどうしても時間を守れない場合は、子どもたちにきちんと謝り、次の授業の中で不足分の休み時間を設けましょう。子どもとの約束を大人の事情で簡単に覆すと、子どもからの信頼を失い、学級の荒れにつながってしまいます。

楽しい学級にするために時間を守ろう！

時間を守ると

勉強が計画どおりにすすむ。
休み時間もしっかりとれる。

Chapter2 日々の学級経営の仕事術

保護者からの苦情は、はじめが肝心

21 初期対応は対面か電話で!!

苦情の対応は最初が肝心。文字のやりとりは誤解を招く危険性があるので、対面か電話で直接話すことが大切です。

ダンドリPoint

学校に苦情を言う保護者は「我が子に対する対応に何らかの要求がある」場合がほとんどですから、保護者の心情をくむことが大切です。そのためには、文字のみのやりとり（連絡帳や手紙）は誤解を招く恐れがあり、かえって関係をこじらせてしまうかもしれません。対面か電話で直接話をして、誠意を持って対応しましょう。

苦情対応の第一歩は、早急に電話で！

連絡帳に書かれた苦情に連絡帳で答えては×

苦情対応 5 つのステップ

《基本姿勢》
　家庭訪問して話を聞きたいところだが、まずは、早急に電話で話を聞くことが第一選択肢。

- **Step 1** 保護者から詳しく聴取する。
- **Step 2** 学年主任・管理職に相談をして対応方針を決める。
- **Step 3** 対応方針を保護者に電話で連絡をする。
- **Step 4** 大きな問題になりそうな場合は学年主任や管理職と一緒に対応する。
- **Step 5** 保護者へ結果を報告する。

校長や教頭／学年主任

担任

さらに Step up!

校内に対象児童の兄弟姉妹がいる場合は、兄弟姉妹の学級で同じようなケースがなかったかを担任の教師に確認しましょう。同じようなケースがあった場合には、その際の対応と結果やアドバイスを聞くと、よりよい解決策がみつかります。

保護者への対応例

● 保護者から詳しく聴取する

①ご連絡ありがとうございます。
②連絡帳を見ました。

少し間をとって、保護者から切り出した場合は話を聞きます。
保護者から話の切り出しがない場合はAへ

> A： ○○○○というお話ですね（事実関係を押さえる）。
> ○○○○について、他の子どもに聞いてみます。詳しいことが分かり次第ご連絡さしあげます。心配をおかけしています。

保護者からの聴取は重要

　保護者からの苦情は、話の内容だけでなく保護者の感情も大きく含む場合が多いので、しっかりと聴き取ることが重要です。特に、教師の知らないところで発生したトラブルについては、できるだけ詳しく聞き出すことが大切。下記の保護者聴取用シートのように、聞き取る内容を準備しておくことをおすすめします。

保護者聴取用シート
保護者が学校へ伝えたい内容（苦情やトラブルの内容）
● いつ起きたか？
● どこで起きたか？
● 関係者の名前
● その他
● 保護者に一言伝えること 　□ ご心配おかけして申し訳ありません。　□ （明日）双方から事情を聞きます。 ● 状況によって必要ならば伝えること 　□ 学年主任・管理職と相談をしまして対応させていただきます。

103

● 保護者等への報告

　学校で事故や子ども同士のいさかい・いじめなどのトラブルがあったとき、学校から真っ先に連絡があれば、それは「報告」や「説明」になります。しかし、保護者から問われて初めて対応することになると「言い訳」と解釈されかねません。場合によっては、「学校はトラブルを隠そうとしている」といった疑念を持たれてしまう心配もあります。
　トラブルについての子どもたちへの対応を終えたら、苦情の申し立てをした保護者をはじめとして今回のトラブルに関係した子どもの保護者に電話で報告します。保護者同士での謝罪をすることになった場合には、その仲立ちをすることも必要です。

○ 対人関係トラブルの場合の報告　　　※被害的に見える家族＝★★　加害的に見える家族＝△△

はじめに苦情を伝えてきた保護者に電話で事情を聞く（前ページⒶのように）。
次に加害的に見える子どもの保護者にも電話をして事情を説明する。
この場合には、必ず管理職に相談し、指導をあおいだうえで対応する。

■苦情を伝えてきた保護者に

「△△さんにお電話をしようと思うのですが、お伝えだけにしますか？　謝罪が必要だと思うことをお伝えしましょうか？」
と聞いて反応をみる。ほとんどの場合、伝えるだけで良いとなる。

・加害事実に間違いはなく謝罪を求めてきた場合

　謝罪を求めている保護者に、
「△△さんに電話をしてその旨をお伝えします。謝罪したいと申し出られた場合は、★★さんの連絡先をお伝えしても良いですか？」
と聞いてみる。その際、先方に連絡先を教えてよいかの確認を必ずする。
先方の返答がどのような場合でも、結果はすぐに連絡すること。

・先方が謝罪しない意向の場合

　謝罪を求めている保護者に、
「★★さんのお気持ちはお伝えしたのですが、△△さんとしては謝罪は難しいようです。学校として関われるのはここまでです。★★さんのお気持ちに添えず残念です。学校では、同じようなトラブルが起きないよう、引き続き注意深く見守って参ります。」
と話し、理解を求める。

> 対人関係トラブルの場合、苦情を訴える側が必ずしも被害者とは限りません。双方の言い分を客観的に聞いて、一方的な判断にならないよう気をつけましょう。

子ども同士の対応の流れ

　子ども同士のトラブルから保護者を巻き込み大事になってしまうことがあります。子ども同士のトラブルを察知したら、次のような流れで、学年主任・管理職と相談しながら迅速に対応しましょう。

① トラブル察知　⇒　できるだけ詳しく情報収集をする。

・当事者（目撃者）から
・保護者から（保護者から連絡があった場合）
・同僚から

◆情報収集はできればすぐに◆

［子どもたちに対して］
- ☐ 一人ずつ個別に呼んで、事情を聞く。（叱らない）
- ☐ 当事者を呼び、事情を確認して双方の納得を得る。
- ☐ 謝ることがある場合、謝らせる。
- ☐ 仲直りを確認する。

※子どもへの聴取の注意点
- ☐ 犯人扱いや誰かの肩はもたない。
- ☐ 主任の先生に入ってもらえるようにお願いをする。
・主任の先生への伝え方
　「聞き取りに行き違いがあると問題が大きくなるので一緒に入ってもらえませんか？」

② 学年主任に相談→管理職へ報告

③ 保護者へ報告

聞き取った内容を伝え、子ども双方が納得したことを伝える。

④ 学年主任→管理職へ報告

　聴取の間、教室にいる子どもたちには読書か漢字ドリルを書き進めるように指示します。また、学年主任の先生に相談し、協力をお願いしてみると良いでしょう。聴取中に新たなトラブルが起きることが減ります。

COLUMN 3

テストにまつわるエトセトラ

　テストの実施は授業の成果の確認や、子どもの理解度を知るために大事なものです。ですから、（テストの実施→採点→返却後の解き直し）という一連のプロセスをきちんと理解して、より有意義なものにしましょう。

テスト実施時の工夫

隣の子どもの解答が見えないようにするために

　テスト中に、近くの席の子どもの解答が見えてしまう（見てしまう）ことがあります。そこで、テスト実施の際は、机とイスを少しだけ左（子どもたちから見て教師の机がある方向）に向けます。すると、顔を上げると教師の席に座っている私と目線が合う向きに座っていることになります。これをテスト用座席としています。また、物理的に周りの子どもの解答が見えないようにするために、隣の席のとの間にランドセルを置くという方法もあります。

テスト中の質問

　テスト中の子どもからの質問は、まず無言で挙手をするように伝えます。まれに挙手に気がつかないときがあるので、そのときは教師の名前を呼ぶように伝えます。
　テスト解答に関わる質問については、クラス全員に向けて答えます。例えば、問題文に間違いがあったり、重要な個所に誤植を見つけたりした場合です。公平に告知できるように、訂正内容は黒板に書いて知らせます。未習の漢字についても同様です。

早く終わって時間を持てあましている子どもに対して

　テストが早く終わって時間をもて余す子どもがいます。まずは、見直しをするように伝えます。しかし、それでも時間が余ってしまう子どもがいます。そのようなとき、私は、机の横の手さげ袋に本を入れておくように指導しています。テストの見直しが終わったら、読書をしても良いと思います。ほかに、テスト裏にテスト単元の感想を書く方法もあります。

採点の工夫

テスト実施中に、そのテストを採点できるか？！

　テストの実施中に、そのテストの採点をすることはできるでしょうか？「さすがに無理でしょう」……そう思われるのは当然です。しかし、見方を少し変えてみませんか？テストが早く終わり、見直しも終えて「もうこれでテストを終えます」という子どものテストを終了前に回収すれば、順次採点を進めることができるのです。
　この場合、とても大事なのは、子どもが「テストなんて早く終わらせたい」という思いでの終了はよろしくないということです。ですから、私はテストの提出を希望する子どもに対して、「見直しを十分にして、100点の自信がある人はテストを終えていいですよ」と声をかけます。ただし、間違いがあったらお手つきで、次回は早めに出せないことも、前もって伝えます。
　テスト中に採点を進める手順を次のページでご紹介しますので、参考にしてみてはいかがでしょうか？

テスト実施後の工夫

テストの解き直しについて

　テストを返却したら、速やかにテスト直しをするように指示しましょう。間違ったところを赤えんぴつで直して再提出し、教師が確認します。
　裏面が白紙のテストの場合は、テスト直しのスペースとして活用できますが、裏面にもあらかじめ同じ問題を印刷しておくと、長期休みの際の復習プリントとして使用することができます。このような工夫を日頃から保護者に伝えておくと、信頼がグッと上がります。もちろん子どもの学力もグッと上がります。

★テスト中に採点をするメリット★

・先に終えた子どもの採点を済ませることができ、放課後の業務が軽減できる。
・見直しの具体的な方法を子どもたちに何度も指導することにつながる。
・早く終わった子どもにとって待つだけの時間にならない。

実施中のテストを採点する方法

① 見直しが終わり自信のある子どもは静かに教師の前に並ぶ。

　テストが終わった子どもがちらほら出てきていることを確認したら、「見直しを十分にして１００点の自信がある人は、順番に黒板に名前を貼りましょう」と声かけをする。
　子どもは教室の前へ出て、マグネット名札（p.41 参照）を手に取って黒板に貼り、教師の机の前に並ぶ。

※教師の机の前に並ぶ人数は３人までとし、４人目以降は順次席を立つように指示。

② 先頭の子どもから順にテスト用紙を受け取って採点をする。

※採点を待つ残り２人の子どもは黒板のほうを向くよう指示。

③ 点数をつけ、各自の見直しポイントを伝えて席に戻す。

採点を終えたテストを子どもに返却、返された子どもは自分の席に戻る。
※間違いがあれば見直しのポイントを伝え、席に戻って復習するよう促す。
（テスト中なので、答えのヒントになることは言わない）
例）算数の場合……この計算を間違えた理由を、直しの横に書こう。
　　国語の場合……間違った字は余白（または裏面）に５回ずつ書こう。

④ テスト終了時刻が近づいたら…

　残り時間が少なくなってきたら、「１００点の自信はないけれど、もう見直しは終わりだという人は、順番に黒板に名前を貼っていいですよ」と声かけをし、順次テスト用紙を教師の机の上に置くよう指示する。
　机でテスト中の子どもは、テスト終了時間になったら終わりの指示をして回収する。

※他の子の解答を見たり、騒がしくなったりする場合もあるので、子どもたちの実態に応じて実施の有無等を判断する。

授業や行事の感想・振り返りシート

　校外学習や遠足等へ行ったときや、道徳・保健・音楽等のような心の動きを知りたい授業を行った際に利用できるシートです。
　「長い作文は不要だが子どもの感想を知りたい」「評価（所見）の参考にしたい」「感想文を書く際の素材にしたい」等…いろいろな場面で使えるので、多めにコピーしていつでも使えるようにすることをおすすめします。

　　　　月　　日（　　）

　　　　　　　　　　　　　　　　　　　についての　感想
　　　　　　　　　　　　　　　　　　　　　　　　ふりかえり

　　　年　　組　　番　　名前

Chapter3
時期ごと・行事ごとの仕事術

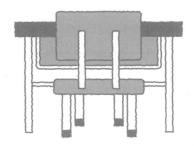

Chapter3　時期ごと・行事ごとの仕事術

01　はじめての授業参観を成功させるために
おすすめは国語の音読発表会！

初めての授業参観は国語の音読発表会なら、子どもたち全員が発表できる授業の組み立てができます。

ダンドリPoint

子どもの実態が掴みきれていない4月でも、国語の音読であれば保護者に安心感を与える授業を行うことができます。音読発表会はグループごとに全員が発表するように組み立てて、当日のスムーズな授業展開のために事前に練習しましょう。

事前に行う音読発表会の練習

参観日から逆算して、授業の中で3回〜5回程度の練習ができるようにします。ただし、練習回数が多すぎると、子どもたちが当日までに飽きてしまうこともあるので、学級の習熟度に合わせて増減してください。

参観日前の国語の授業	練習の進め方
練習1回目	①授業参観日に音読発表会を行うことを伝える。 （めあてとして「音読発表会を開こう」としても良い） ②読めない字や読み間違えやすい字にはふりがなをふることを伝え、範読（教師による音読）をする。
1回目以降	③毎日、音読の宿題を出す。このとき、1日に無理なく読める分量（2〜4ページ）にすることが大切。
2回目	④読み方の工夫を授業で押さえながら、班ごとにどの部分を読むか決める。
3回目〜	⑤班ごとに練習をする。教師は、各班を呼んで発表を聞く。 ⑥『めあてカード』を用意して、めあて（課題）を書く。 　鉛筆で下書きしてからマジックで清書すると良い。
直前	⑦当日の発表順を決め、本番と同じ流れで授業を展開する。

■めあてカード

四つ切画用紙（縦）を短冊型に切ったもの。参観日当日、黒板に貼って発表します。

〜班のめあて〜

├─約10cm─┤

保護者が参観したい授業は、国語と算数がツートップです。ただし、算数は、子どもの実態把握後に行うことをおすすめします。授業参観中に全員が発表の機会があるように配慮すると、保護者の満足度が上がります。

授業参観【音読発表会】の流れ

授業の流れ	進め方
はじめ5分	●挨拶（号令） ●今日の学習の流れを簡単に伝える。 　教師：「これから音読発表会を開きます。グループごとに読みのめあて課題を発表してから音読してください。」
中30分	（6班であれば1班5分として30分） ●班ごとに順番に発表。 　子ども：「私たちはA班です。めあては▲の気持ちを落ち着いて表現しようです。」 ・『めあてカード』を黒板にはり、音読スタート（移動を含め3分程度） ・発表後…他の班の子どもは『よかったよカード』に記入（1分程度） ※時間に余裕がある場合は、『よかったよカード』を使って交流の時間をとる。
おわり5分	特に印象に残った班について、良かったことや課題を話し合う。
（時間があれば） まとめの一言	●各班の発表について、教師が印象に残ったことを伝える。 　教師：「今日の学習は（作品名）の音読発表会でした。A班は間の取り方がとてもよかったですね。」等
最後	●挨拶（号令） ●参観後の時間が懇談会であること等、連絡事項を伝える。

事前に準備するもの

音読発表会のように、子どもが発表する時間の目安が分かる授業の場合、発表順を廊下に掲示しておくと、兄弟姉妹のいる保護者が効率よく参観できるので喜ばれます。

■よかったよカード

（　　）班へ
ここがよかったよ！
●よかったよマークをつけよう
　すごいね…★
　上手だね…◎
　その調子…○
●声の大きさ　□
●間の取り方　□
●スピード　□
●ひとこと感想

（　　）より

班の数×児童数（＋予備）を用意し、事前に配っておく。
各班の発表後に1枚ずつ記入し、発展的な授業に役立てる。

■発表順を廊下に掲示

○○組　音読発表会

※各班の発表は約5分です。

班	メンバー

Chapter3 時期ごと・行事ごとの仕事術

02 充実した家庭訪問のために
家庭訪問3点セットを使う

1日にたくさんの家庭を訪問すると、余裕がなくなり「準備不足で失敗」になりがち。家庭訪問3点セットで余裕をもって目的を果たし、保護者の信頼につなげます。

ダンドリPoint

家庭訪問の面談時間は約10分程度と限られています。教師の話が要領を得ていないと、保護者に不安感や不信感を抱かれることになりかねません。

事前に準備した質問と、面談中に気になった点の質問を組み合わせて話をします（これを半構造化的面接といいます）。p.115～p.117の家庭訪問3点セットを使うと便利です。

家庭訪問の目的

保護者と初めて1対1で話をする大切な機会です。「落ち着いて、雰囲気よく接し、必要な情報を集める」ことを目指しましょう。

家庭訪問の前後に突発的なことが起きても、落ち着いて対応できるように事前の準備が重要です。突発時の応対は、保護者への伝え方対策を用意して手元に持っていると良いでしょう。

～家庭訪問の流れ～

事前準備（学校で）
- 持ち物リスト
- 要注意事項リスト　　※右ページ参照

⬇

訪問直前（家の前で）
- 各リストに目を通す。

⬇

面談中（保護者の前で）
面談項目を参照しながら話を進める。困ったときは、事前に準備した面談項目リスト（p.116）を参照し、落ち着いて対応する。

⬇

不在時（家の前で）
- 学校に連絡して、管理職から保護者に連絡してもらう。
- 不在時連絡票を投函する。

さらに Step up!

半構造化面接的家庭訪問の枠組みを身につけると、家庭訪問にとどまらず、トラブル対応の枠組みなどに応用がききます。

家庭訪問3点セット

1. 持ち物リスト

	本書のコピー（本書持ち運びも OK）
	地図
	職場の電話番号（　　　　　　　　　　　　）
	筆記用具・ノート（メモ程度・離婚などの個人情報は記載しない）
	家庭訪問予定表（個人情報の電話番号表は持ち運ばない）
	飲み物（水）
	扇子やうちわ
	自転車（購入しておいておく方法も）
	ハンカチ・ティッシュ
	携帯電話（マナーモードに）
	不在時連絡票（p.117）5 枚程度

2. 要注意事項リスト

◎チャイムを押す直前、訪問宅の前で目を通すこと。

	職場でトイレに行く
	面談は 10 分程度を目処にする
	出されたお茶はトイレが近くならないように考えて頂く
	時間がないときは「玄関で大丈夫です」と伝える
	家での様子を聞く
	健康面の話を聞く
	笑顔を意識して印象良く対応する
	意見に対して即答しない

3. 面談項目リスト　★家庭訪問中の対応の流れ（クリアファイルに挟む）

- **インターフォンを押す。**
  「こんにちは。○年○組担任の○○です」

- **玄関先で**
  「よろしくお願いします」
  「○○さんのご自宅での様子を聞かせていただきたいと思います」

- **具体的な話に入る前に**
  「今日は暑いですね」のような天候の話等をする。

◎保護者に聞く具体的なこと。（　）内は質問の意図。

☐ 「学校にすでに伝えているかもしれませんが、大事なことなのでお聞きします。○○さんは、食べ物のアレルギー等、健康上で気をつけることはありますか？」
☐ 「給食の方針はありますか？」 苦手なものを最後まで食べて欲しい。無理をさせないで欲しい。等
☐ 「朝は自分で起きて、配膳等できますか？」（自立の基本）
☐ 「学校のできごとは自分から話をしますか？」（家族との対話の様子が分かる）
☐ 「学校から帰ってからの様子を教えてください」 （生活スタイル・宿題・誰と遊んでいるか・習い事等、家庭で重視していることが分かる）
☐ 「担任が変わり、お子さんの様子で変わった点があれば教えてください」 （担任に対する評価が分かる）
☐ 「これだけはと、うるさく言ってしまうことや大切にしていること等があれば教えてください」（家庭で重要だと考えている価値観が分かる）
☐ 「学校や学級に望むことや気をつけてほしいことがあれば教えてください」 （期待していることが分かる）

- **面談の最後に**
  「本日はありがとうございました。○○さんのために頑張ります。
  １年間よろしくお願い致します。失礼致します」

◎困ったときは…。（保護者の前でそっと見る）

親・友達などの人間関係で気になることがあれば…

→ 頭で覚える。（相手の名前を聞いたら聞いておく）
「差しつかえなければ、相手のお子さんの名前を教えて頂けませんか」

学級経営への意見があったら…

→〈担任として気をつける点があるとき〉
「ご意見ありがとうございます。今後そのようなことがないように気をつけます。申し訳ありません」

→〈どちらともいえないとき〉
「ありがとうございます。○○という思いで○○を行っていました。そういったご意見もあるということを踏まえて、もう一度考えたいと思います」

学年（学校）への意見があったら…

→「ご意見ありがとうございます。（申し訳ございません。）その件に関して学年の先生や管理職に伝えます」

不在のときは…

→ 不在時連絡票（ポストに投函）
出先であれば、学校に電話をして、管理職から家庭に連絡をしてもらう。
（自前の携帯では教師個人の電話番号が知られるのでトラブルの元になる恐れがある）

★不在時連絡票

```
こんにちは
（    ）年（    ）組　担任の（        ）です。

本日、家庭訪問の予定でしたが、ご不在でしたので、
また改めましてご連絡させていただきます。
（  ）月（  ）日（    ）時（    ）分
学校の電話番号はこちらになります（          ）
```

Chapter3 時期ごと・行事ごとの仕事術

遠足・校外学習のスムーズな進行のコツ

03 校外学習は**事前準備と指導が大切！**

初めての場所、感動する景色を見ると興奮するのは大人も同じ。
だからこそ校外へ出かける行事は事前の確認と指導が大切です。

ダンドリ Point

遠足当日、子どもは興奮状態です。整列の指示や静かに行動するように指導をしても、思うように反応してくれません。校外での行動の仕方については事前に指導し、教師間での担当業務を明確にしておきます。

校外学習の確認事項と準備

下見での確認事項と準備	
場所の確認	☐ 各エリアのトイレの場所 ☐ 休憩場所や危険箇所（できれば写真を撮っておく）
乗り物の確認	☐ 公共交通機関（電車やバス）または手配した貸切バスの発車時間 ☐ 公共交通機関の遠足担当者への電話連絡
その他	☐ 校長印の要る手続き文書（必要な場合） ☐ アレルギー児童 ☐ 療育手帳等、電車代・入場料金が無料になる子どもの確認 ☐ お箸・ポケットティッシュ・新聞紙の予備を用意。 ☐ ごみ袋は大・中・小を用意。（大はビニールシート代わりや濡れてはいけないものを包む。中はごみ集めに。小は嘔吐時等に使用。嘔吐時用には黒色の袋を使い、事前に新聞紙を細かく切って入れておく） ☐ 当日、教師は遠足のしおりを入れたカードホルダーを首から下げる。

教員の分担	担当者	教員の分担	担当者
体調が悪くなった子どもの付き添いおよび電話連絡		午前・施設到着の話	
		弁当前・弁当後の話	
当日のお金を預かる担当		午後・施設到着の話	
駅へ事前連絡		復路の先導	
当日資金支払い		会計処理	
往路の先導		報告書作成	
出発の挨拶、引率		反省会準備	

校外学習のルール

【前日までに】
分からないことは先生に聞こう。
声が聞こえなくても分かる、命を守るハンドサインを確認しよう。

 静かにします。

 2列になります。

 4列になります。

 前ならえです。

 座ります。

●ハンドサインの組み合わせ例

右手　左手

 + = 2列で前ならえ

 + = 2列で座れ

 + = 4列で座れ

【出発までに】
トイレをすませよう。
忘れ物があれば先生に伝えよう。

【移動中は】
街中を歩いているときや電車の中はしずかにしよう。列を守って歩こう。
信号が点滅し始めたら、横断しません。列が切れてもかまいません。
はぐれた時は、駅員さんなどの大人に学校名と名前を泣かずに伝えよう。

【到着したら】
トイレには先生に声をかけて何人かで行きます。

【ご飯のときは】
ひとりで食べている人を見かけたら、声をかけるか先生に伝えよう。
ごみは残さないようにしよう。
友達のおやつやお弁当はもらいません。交換もしません。

Chapter3　時期ごと・行事ごとの仕事術

安全な水泳授業のために

04　2人1組のバディシステム

水泳の授業は安全第一。子どもが相互に安全を確認する体制をつくることで、水泳授業の安全性を高めます。

ダンドリPoint

　水泳の授業では、万が一でも事故を起こすことがないように安全管理の徹底が求められます。教師の目だけで全員の状況を把握するだけでは不十分です。そこで、2人1組のバディ（相棒）システムを作り、子どもが相互に安全確認することで、水泳授業の安全性をより高めます。また、水慣れ指導も必ずおさえましょう。

水泳指導は安全が最優先

水泳の授業では、子どもの人数確認が難しく時間がかかり、活動時間が減ってしまう…。

だけど……。

安全第一！

子どもたち自身が安全管理に参加する【バディシステム】

- 2人1組でペアを作り、ペアで人数と体調の確認をする。
- 教師は子ども全体の様子を見る。
- 水慣れ運動もバディの2人1組で行う。
　（バディで教え合うことで、ペア学習の効果も期待できる）

※右ページを利用してください。
p.121 〜 p.122をそのまま両面コピー&ラミネート加工して、プールに持ち込みます。または、拡大コピーして教室での事前指導に使うこともできます。

留意点を明文化して常に確認できる状況にすることで、万が一の事故が減ります。

バディの方法

① 体調確認

○２列で並びます。
○となりの子と２人１組でペア（バディ）をつくります。
○バディの友だちの顔を見ます。
　➡くちびるの色や顔色が悪いときは、立ち上がり先生に伝えよう！

② 人数確認

○「バディのじゅんび！」と言われたら、バディの子と手をつなごう！
○「バディ！」のかけ声で、手を上げて「オーッ！」と声を出そう！
○前のバディから、「１」からじゅんばんに数字を言って、手を下ろそう。
　➡バディの友だちがいないときは、立ち上がり先生に伝えよう！

バディは大切な命の確認です。プールから上がるときには必ず確認しましょう！

【水泳】 水慣れ運動メニュー

1. 準備体操をします。
   となりの人とぶつからないように広がりましょう。

2. シャワーをあびましょう。

3. ぼうしとゴーグルをつけましょう。

4. プールサイドに立ちましょう。

5. 後ろ向きにゆっくり入りましょう。

6. 顔を洗いましょう。

7. 肩までつかりましょう。

8. 自分の列の場所まで移動しましょう。

9. となりの人と水中で3回じゃんけんをします。**せーの。**

10. となりの人と水中でにらめっこします。
    にらめっこしましょ　笑うと　負けよ　あっぷっぷ。

11. 落ち葉のように力をぬいて浮いてみましょう。**せーの。**

12. だるまのように丸くなって浮いてみましょう。**せーの。**

13. プールの中で三角座りをしましょう。**せーの。**

14. これで水慣れ運動を終わります。

COLUMN 4

― 水泳指導のコツ ―
動画で指導の流れをつかもう！

　体育の授業は言葉で指導されても、「流れがいまいちわからない……」「どう教えたらいいの？」と困ることがたくさんあります。そんなときにはイラストと動画視聴の併用をおすすめします。

　特に、水泳の指導は実際の子どもの動きがイメージしにくいものです。「うーん。ボビングをどう指導したら良いのだろう？」「個々の指導法は分かったけれど、限られた授業時間の中でどのように行えば良いの？」などという心配を抱きやすいのも事実です。

　そこで、イラストや動画で動きを確認して、実際の授業イメージを作りましょう。Web 上には細かいコツや授業の流れを示したサイトもあって、事前確認や教材研究に活用できます。子どもに動画を視聴させて、コツを掴ませることもできます。

文部科学省〔体育〕指導資料集を活用しよう

文部科学省のサイトに掲載している体育の指導資料集から、低中高学年向けの体育（運動領域）のデジタル教材 (YouTube) を視聴できます。

■指導資料集のアドレス
　http://www.mext.go.jp/a_menu/sports/jyujitsu/1330884.htm

インターネット上には、子どもが視聴して理解しやすい水泳指導の動画（特に NHK の教育番組の動画がおすすめ）がたくさんあります。いろいろ探して、活用してみましょう。

Chapter3　時期ごと・行事ごとの仕事術

05 「解決志向」でいじめ防止！
友達の良いところを探す活動

いじめの防止するために、日々の生活の中で、友達の良いところを見つける視点を育んで相互理解を促しましょう。

ダンドリPoint

　いじめ防止のために、さまざまな指導や子どもたちへの気づきを促す必要がありますが、まずは、子どもたちがお互いの個性を理解しあうことが大切です。日々の生活の中で相互理解を促すことができる学級活動「秘密の友達」を紹介しますので、実践してみましょう。

他者の良いところ・自分にとって良かったことに目を向ける活動を

　人は物事の見方によって自分をとりまく世界の受け取り方を決めてしまいがちです。不満や悪いところばかりに意識が向かえば、いやな気持になるでしょう。逆に、「良いところ」「長所」に目を向けるように意識すれば、それまでと何も変わらない景色が不思議と気持ちの良いものに変わります。

　物事の見方は慣れることが必要な場合があります。ここで紹介する活動は、友達の良いところ・長所を意識することで、自然に物事の「良いところ」を捉える視点をもつことができるようになるという利点があります。

　子どもが自分自身を認め、互いの個性を認め、理解しあうために、ぜひこの活動を実践してください。

相互理解を促す『秘密の友達』

　『秘密の友達』は、学級の子どもたち全員が、指定された出席番号のクラスメイトの良いところを探すゲーム感覚の学級活動です。やり方は右ページを参照してください。

《用意するもの》
□くじ引き用のおみくじ（作り方は p.127 参照）
□［ひみつのともだちカード］（p.126 をコピーして使用）
□［ひみつのともだちカード］を掲示するスペース（教室内の壁面に模造紙を貼る等）
□セロハンテープ等（カードの掲示に使用）

※参考文献：「学校で活かす　いじめへの解決志向プログラム〜個と集団の力を引き出す実践方法〜」
Sue Young：著、黒沢幸子：監訳、金子書房：刊

【秘密の友達】活動の進め方

① 朝の会でくじ引きをする。
　（自分の番号、欠席の子どもの番号を引いた場合は、もう1度くじを引く。）
※ くじで引いた出席番号の人が、その日の『**秘密の友達**』になる。
　（誰が秘密の友達かは誰にも教えてはいけない。）
② 1日を過ごしながら、秘密の友達の良いところを見つける（考える）。
③ 帰りの会の時に［ひみつのともだちカード］を1人1枚配布し、秘密の友達の良いところを記入する。
④ 下校前に、記入した［ひみつのともだちカード］を決められた掲示スペースに貼る。

　実施時期は2、3学期のはじめの頃がおすすめです。実施期間は2〜3週間に定めておくことが大切です。良いところとして記入された内容のうち、教師が共感できる点等は、所見の参考資料としても使えます。

※下記は『秘密の友達』実施期間中の掲示に利用してください。
※［ひみつのともだちカード（p.126に掲載）］は、コピーして配布するか、カードを入れる箱等を用意して、実施期間中は子どもが自由に取れるようにしておくのも良いでしょう。

- ✂ - -

ひみつのともだち
〜ともだちの良いところをみつけましょう〜

　　　　　　月　　　日　〜　　　月　　　日

① 朝の会にくじで引いた出席番号の人が、今日の『ひみつのともだち』です。

【学校で1日をすごす中で】
② ひみつのともだちの良いところを見つけたり、考えたりしましょう。

③ 帰りの会のときに、［ひみつのともだちカード］にひみつのともだちの良いところを書き、帰る前に（　　　　　　　　）に貼りましょう。

★あなたの『ひみつのともだち』がだれなのかは言ってはいけません。

※何を書いたら良いか分からない時は？
　自分やまわりのともだちの良いところを考えると、ひみつのともだちにもあてはまるものを見つけやすいです。

ひみつのともだちカード　　　年　　組

ひみつのともだちの名前は（　　　　　　　）さんです。
良いところは

　　　　　　　　　　　　　　　　　　　　　　　　　　　　です。
　　　　　　　　月　　日（　　　　　　）より

- -

ひみつのともだちカード　　　年　　組

ひみつのともだちの名前は（　　　　　　　）さんです。
良いところは

　　　　　　　　　　　　　　　　　　　　　　　　　　　　です。
　　　　　　　　月　　日（　　　　　　）より

COLUMN 5

― いろいろ使えて役に立つ ―
おみくじを作ろう！

　ゲームや席替えなど、ランダムに選出したり抽選のようなことをしたりする際に、学級経営ではくじ引きを利用することが多々あります。私は、くじ引き用おみくじを作成して使っています。

《用意するもの》

☐牛乳パック（1000mlのもの）…1個
☐割り箸…クラスの人数分（割り箸は割って片方を1人分とする）
☐ネームペン

《作り方》

① 割り箸を割り、先のほうにネームペンで数字を記入する。（子どもの人数分）
② 牛乳パックの中に、割り箸の記入部分を下にして入れる。
③ 牛乳パックの口を割り箸1～2本分が通る大きさを残して閉じたら完成。

《活用例》

☐席替え（p.94 参照）
☐［秘密の友達］（p.124 参照）
☐対戦型ゲーム（じゃんけん大会、腕ずもう大会など）のトーナメント表作り（p.89 参照）
☐ゲーム等の進行役の選出
☐校外学習のグループ・係決め
等

　くじ引きはゲーム的要素もあり、役割や組み合わせを決めるときも不公平感がないので便利ですが、だからといって、何でもくじで決めればいいというものではありません。話し合いで決めるという経験はとても大切です。

　また、せっかくの『おみくじ』なので、「○番を引いた人は大当たり！今日1日、好きな席に移動できます」等、小さな幸運を単純に喜べるような使い方も楽しいと思います。

Chapter3　時期ごと・行事ごとの仕事術

子どもの成長や、トラブルの予兆に気づくために

06 ［振り返りシート］を活用する

日々の学習や友達関係について子ども自身が振り返って記録することで、トラブルの予兆や、成長等を見い出すことができます。

ダンドリPoint

毎日の学習状況や、自分の気分が記録できる［振り返りシート］は、書き出すことで、子どもは自分のことを客観的に見ることができ、教師は子どもの状況をより詳しく理解することができます。また、自分の気持ちを〈書く〉ことは、心を落ち着かせて、つらい気持ちを外に出して乗り越える効果があるといわれています。

振り返りシートの使い方

- ●［振り返りシート］の配布と記入は帰りの会で
　　※シートを台紙に貼り、他の人から見えないようにする。毎回、回収する。

- ●［振り返りシート］で記録すること
　　①その日の気分（子どもが自分の気持ちに向き合う）→表情マークを示すと良い。
　　②友人関係や学習状況
　　　※中学年の記入欄は１つに。高学年から［友人関係］と［学習の記録］に分ける。
　　　※書くことがないというときは、
　　　　・今日は誰とどんな遊びをしたか（どんな話で盛り上がったか）
　　　　・最近気になっていること（どんなことでも良い）
　　　　・先生に聞いてみたいこと
　　　　・家でのできごと
　　　等、記入内容に制限がないことを子どもに助言する。
　　③教師からの返事（色ペンを使ってわかりやすく書き添えること）
　　　※返事を書くことで、教師が子どもを理解していることが伝わる。

《その他の工夫点》……１週間のあなたのニコニコ数
　高学年では記録を書くだけでなく、状況の数値化を併用すると、数値の変化のみられたときに「何かあった？」とよくても悪くても話すきっかけになる。

★［振り返りシート］記入にあたっては、次のことを伝えましょう。

- ・人のシートは見ません。見せません。
- ・シートは毎日集めますが、返事は週に１回になります。
- ・すぐに先生の返事が欲しいとき、助けて欲しいとき等は、直接先生に伝えてください。

振り返りシートの実践例

※シートから一部抜粋して実践例を示しています。シートの見本はp.130〜p.131を参照してください。

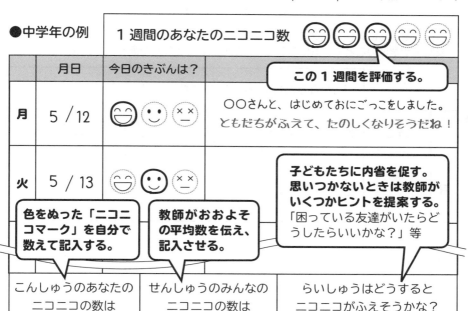

振り返りシート（中学年用）

年　　　組　　　番　名前（　　　　　　　　　　　）

今日のきぶんに近いマークに○をつけましょう。
友だちや学習のことで、気になることや知りたいことなどを書きましょう。

	1週間のあなたのニコニコ数		
	月日	今日のきぶんは？	良かったこと・うれしかったこと・がんばったこと・できるようになったこと・知りたいこと
月	／	😄 🙂 😵	
火	／	😄 🙂 😵	
水	／	😄 🙂 😵	
木	／	😄 🙂 😵	
金	／	😄 🙂 😵	

ニコニコをふやそう！みんなのニコニコの数はどうなってるかな？

今週のあなたのニコニコの数は	先週のみんなのニコニコの数は	来週はどうするとニコニコがふえそうかな？
（　　　）こ	（　　　）こ	

振り返りシート（高学年用）

年　　　組　　　番　名前（　　　　　　　　　　）

今日の気持ちに近いマークに○をつけましょう。
1（最悪の気分）から10（最高の気分）の数字で表してもいいですよ。

1週間のあなたのニコニコ数	

	月日 今日の気分は？	友だちとのことで 良かったこと、気になったこと	学習でがんばったこと、 できるようになったこと
月	／		
火	／		
水	／		
木	／		
金	／		

1週間の反省・課題	先生からのコメント

振り返りシートの活用

［振り返りシート］を活用して、子どものトラブルの予兆や交友関係の困りごとを見つけ出し、早期に対処しましょう。保護者や主任・管理職への報告・連絡・相談も忘れずに！

振り返りシート活用前

→
- ×保護者からの連絡で事態を知る。
- ×時間が経つと子どもへの聞き取りも難しい。
- ×保護者・子どもからの信頼ダウン。

振り返りシート活用後

→
- ○子どもの心の変化に早く気づける。
- ○早期対応・早期解決で問題を大きくしない。
- ○保護者・子どもからの信頼アップ！

シート活用によるトラブルの予防・早期発見

　[振り返りシート]から、子どもの友達関係が見えてきます。教師が気づかない友達とのトラブルやいじめの初期兆候が見えた場合は、早期対処することができます。
　対処の前にトラブルの件で保護者から連絡があれば、シートの記述を確認して状況をある程度把握することもできます。

> 気持ちの表現には個性が出やすいもの。日頃、😄 が多い子に 😵 が増えてきたら要注意。いつも 🙂 の子に 😄 が増えたら前向きになったサインかも……。気づいたら様子を見て声をかけること。

曜日	月日 今日の気分は？	友だちとのことで 良かったこと、気になったこと
月	6 / 10　😄 🙂 😵	Aさんとなわとびをして楽しかった。毎日れんしゅうしたい！
火	6 / 11　😄 🙂 😵	Bさんがころんでけがをしたら、Cさんが保健室に連れて行ってくれた。Cさんはやさしいなと思った。
水	6 / 12　😄 🙂 😵	Dさんが話しかけてくれない。何か悪いことしたかな？
木	6 / 13　😄 🙂 😵	雨でなわとびができなかった。教室で絵をかいていたら、Aさんにほめられてうれしかった。
金	6 / 14　😄 🙂 😵	Dさんはいつもそうじをさぼる。注意をしたらにらまれた。

> よく名前の出る友達への感情等、子ども同士の人間関係が見える。

> SOSのサインかな？と感じたら、注意深く様子を見て、早めに声をかける。

> 一方的な言い分で他方を注意するのではなく、この場合はDさんの様子も見て判断する。

　1週間分では断定できませんが、上記の子どもはAさんとは仲良しのようです。Cさんのことも気になり始めているかもしれません。Dさんとは感情の行き違いが発生している可能性もありますので、Dさんのシートを確認してみる必要もあるでしょう。ただし、問題が起きたように見えても子ども同士で解決できる場合も多いので、教師が慌てて対処しようとせず、まずは注意深く見守り、必要に応じて声かけをするよう心がけましょう。

Chapter3　時期ごと・行事ごとの仕事術

子どもの状況をより深く理解するために

07 [こころの通知表]を使おう

子どもが自分のことをどう感じているかを知ると、子どもの様子を観察するときの大きなヒントになります。

ダンドリPoint

保護者は我が子の学校での様子、特に学習面、生活面、交友関係の3つの側面について知りたいと思っています。[こころの通知表]を使って、子どもが自分のことについてどう考えているかを知り、子どもの様子を観察する際の参考にしましょう。記載内容は、懇談会や通知表所見の資料として活用できます。

3つの側面（学習・生活・交友関係）を知るために

保護者は我が子の学校の様子を何よりも知りたがっているので、保護者に子どもの様子を伝えることはとても大切です。[こころの通知表]は、子どもが自覚できている自分自身の状況です。書かれている内容は、子どもを深く理解するヒントになります。

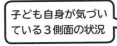

子ども自身が気づいている3側面の状況

表面的な理解

こころの通知表から把握・ヒントを得る

子どもが自覚できる範囲

子ども自身が気づいていない状況

・友達からの聞き取り
・教師による行動観察
・本人からの聞き取り

深層の理解へ

おや？ちょっと気になるな。

教師が把握すべき範囲

[こころの通知表]に書かれていた子どもの交友関係と、教師が理解していた交友関係にズレが生じているときは要注意！
　人間関係のトラブルの可能性があります。注意深く様子を見たり子どもへの聞き取りをする等して、人間関係に変化が起きていないか、困りごとがないかを確認しましょう。

こころの通知表

( ) 学期　　　　　　　　　　　年　　組　　番
　　　　　　　　　　　　　名前（　　　　　　　　　　）

□ がんばった教科と、がんばったことを3つ書きましょう。

がんばった教科	がんばったこと

□ がんばった係活動や当番などを書きましょう。

□ クラスの中でよくあそぶ友だちはだれですか？（何人書いてもいいです）

□ クラスの友だちの良いところを書きましょう。

友だちの名前	良いところ

Chapter3　時期ごと・行事ごとの仕事術

08　懇談会資料・通知表の作成

業務の総まとめで教師も保護者も満足度UP

日々の情報収集と早めの準備開始で、個人懇談会（面談）・通知表を満足・納得いくものにしよう。

ダンドリPoint

　個人懇談会（面談）や通知表では、新学期スタートからこれまでの子どもの状況をどれだけ把握しているかが問われます。子どもの様子を保護者に適切に伝えるために、蓄積した記録や情報をしっかり分析して伝え方を検討します。この作業に余裕をもって取りかかるために早めに準備をしましょう。

準備のコツは【逆算】！

「いつ何をして」「いつまでに何を終えるか」を明確に意識することが大切です。そのために、年間スケジュールを大まかに把握したうえで、準備に必要な日数を逆算して考えます（p.14参照）。日々の仕事に追われて予定どおりに進まないこともあるので、常に余裕をもって取り組む習慣をつけましょう。

個人懇談会や通知表作成に役立つ資料の準備

① 日々の記録を蓄積

◆個別記録ファイル（以下を綴って用意しておく）
○子どもによる記録
- ［振り返りシート］（p.128参照）：子ども自身による日々の学習・友達関係の記録
- ［秘密の友達］（p.124参照）：他の子どもたちからの評価
- ［こころの通知表］（p.134参照）：子ども自身による学期末の自己評価

○教師による記録
- 教師による記録やメモ：教師による日々の記録（気になった点等は必ず記録する）
- 小テストやテスト等の結果

② 子どもの頑張りや成長、改善点をピックアップ

学習面・生活面において、
○子どもの頑張りや成長を感じた点
○これから伸ばしていきたい点（課題）
を、①の資料から抜き出して、個別記録ファイルにまとめておく。

 作成順は、「通知表の所見」→「通知表（所見以外）」→「懇談会（面談）用メモ」が効率的！

学期末に慌てないための活動計画

　約40人学級で、個人懇談会（面談）を終業式1週間前の3日間で行う設定の計画表です。特に準備のスタート時期が大切です。各学校の事情に合わせて応用してください。

実施する時期	学級で取り組むこと	教師が行うこと
日常的に	振り返りシート （p.128 参照）	子どものノートチェック 行動・発言の記録（学習・生活面） ☐ 個人記録やメモ等のファイリング
2、3学期のはじめ頃	秘密の友だち （p.124 参照）	
終業式1ヶ月前	こころの通知表 （p.134 参照）	☐ 所見文の作成スタート
終業式3週間前〜		所見文完成 各教科の評価 ☐ 通知表記入スタート
終業式2週間前〜	子どもの様子を観察し、トラブル（特に友達関係）がないかを確認。	☐ 個人懇談会（面談）準備スタート ・保護者にお知らせ配布 ・日程調整 通知表完成→管理職へ提出・確認 ☐ 懇談会（面談）用メモの作成スタート ・通知表で整理した内容を参考にして保護者に伝えることをまとめておく
終業式1週間前〜	懇談会時に話題にのぼり、対処が必要と思われる子どもへの聞き取りと対応。	懇談会（面談）用メモの完成 個人懇談会（面談）の実施
終業式前日		通知表の最終確認 ・出席日数等→皆勤賞の賞状等を渡す
終業式当日		通知表を渡す

さらに Step up!

通知表の所見は、学期ごとに視点を変えて記入しよう！

　年間の教育計画の中で、重点的に取り組む事項は学期ごとに異なります。また、子どもによっても、各学期で重点的に取り組んで欲しい事項が変わってきます。そこで、所見欄に書く内容も、学期ごとの重点事項に優先順位をつけ、視点を変えてまとめると書きやすくなります。

（例）
1学期：教科・係や当番活動・日常生活等
2学期：教科・行事（運動会・学芸会・作品展等）
3学期：係や当番活動・教科・日常生活等の総括

Chapter3 時期ごと・行事ごとの仕事術

09 通知表［所見］作成の実際
ポイントを押さえて、保護者も子どもも納得！

より良い所見にするためには、日頃の子どもの観察、情報収集等のアンテナ感度を高めることが大切です。

ダンドリPoint

所見欄では、できるだけ簡潔でありながらも子どもの様子や状況が保護者に伝わる内容を書かなくてはなりません。所見作成の実際を知って、何をどのように準備したら良いか具体的な内容を理解してから準備にかかりましょう。

所見作成の流れ
大切なのは事前準備と業務の進行管理

所見作成前に確認すること

- ☐ 文字数…所見欄の大きさで目安の文字数を決める。　約 [　　　] 文字
- ☐ 「です・ます」調で記載する。
- ☐ 努力を要する内容（課題）は書かない。
  - ※個人懇談会（面談）の時に口頭で伝え、文字で残さない。
- ☐ 子どもの具体的なエピソードを交える。
  - （エピソードは教師の記録で残しておくこと：p.76参照）
- ☐ 本やインターネットに出ていることをそのまま写さない。
  - ★原則★
    - ・該当学期で目立ったことを書く。
    - ・「〜できました。」というように、できたことを書く。
    - ・1つの教科1つの単元等、一場面（多くても二場面まで）に絞って書く。
    - ・記載内容はずっと残るので、よい点を記載し、課題は書かない。

所見作成時に用意するもの

- ☐ 客観的な資料　個別記録ファイル（p.136参照）、子どものノート、教師の記録
- ☐ 学年便り（該当学期で作成したもの）
- ☐ テスト結果一覧
- ☐ 類語辞典（言葉の言い換えに活用できる）

所見で取り上げる内容（テーマ）

- ☐ 各教科や総合的な学習の時間等の授業での学習の成果・成長について
- ☐ 日常生活　　　☐ 係や当番活動　　　☐ 行事　等

所見の書き方の実際（例）

① 収集した個人記録等から、何について書くかテーマを決める。
　※子どもの良かったところを書くのが基本。

② その時の状況を詳しく思い出し、文章に肉付けしていく。

例：図工（写生）の場合

文章の改善前	改善後
写生大会では、よく集中して描き進めて、素晴らしい作品を仕上げることができました。 →どんなふうに集中してた？ →どのように素晴らしい？	写生大会では、<u>立ち上がって絵を描き込み</u>、「良い作品にするぞ」という<u>気迫が伝わるくらい</u>集中して取り組んでいました。その結果、<u>細かい筆使いが生きた</u>素晴らしい作品を作り上げることができました。

例：国語の場合

文章の改善前	改善後
国語の「ごんぎつね」では、ごんの気持ちの変化を上手に読み取ることができました。 →どのように上手に？	国語の「ごんぎつね」では、<u>本文の会話や行動描写から、兵十にだんだん寄り添っていくごんの気持ちの変化を</u>読み取ることができました。

『具体性』がポイント

　短い文章の中にもできるだけ『具体性』をもたせると、内容に深みが出て、同じ褒め言葉でも「先生は一人ひとりをしっかり見てくれているんだな」ということが伝わり、保護者も子どもも満足度が高まります。まずは次の3点を押さえて書くと良いでしょう。

☆ 具体的なエピソードを盛り込む

☆ 文章を掘り下げて具体性を上げる

☆「〜のような」「〜くらい」など、比喩表現を用いる

Chapter3-09　より良い所見にするためのヒント

まずは書いてみる

　最初から完璧なものを目指すとなかなか進みません。まずは下書きとして、思ったとおりに書いてみます。そこから具体性を高め、文章に肉付けして仕上げていきます。

◇ 所見で使える褒め言葉例

- お手本です
- 見本となりました
- 感動しました
- プロ級です
- 素敵です
- 一生懸命
- 責任感をもって
- 最後まであきらめずに
- 思い切りの良い
- 自ら進んで
- 意欲的に
- 協力して
- 心を込めて
- よく集中して
- 印象的でした
- 頼もしかったです
- 丁寧に

◇ ネガティブワードの変換術

　子どもの特徴の中には、ときにはネガティブな表現が当てはまってしまう場合があります。しかし、通知表の所見は一生残りますので、できるだけポジティブワードに変換し、しっくりきたものは、文面に加えましょう。

ネガティブワード	ポジティブ変換
おとなしい	控えめでおだやか
いばる	自分に自信がある
しつこい	粘り強く取り組むことができる
まわりを気にしてしまう	まわりの人に心配りができる
手を出す（ちょっかいをかける）	友だちに関心がある
うるさい	明るい・元気・活発である
頑固	意志が強い
ずうずうしい	堂々と行動できる
気性が激しい	情熱的である
はっきりと断れない	相手の立場を大事にできる
あわてんぼう	行動力がある
堅苦しい	まじめで誠実

◇ 完成した所見のチェックリスト

✓	所見チェックリスト
	子どもへのマイナス言葉を書いていないか （子どもが読むたびに傷つく可能性があります。ひょっとすると一生傷をつけ続けることになります）
	前の学期と同じことを書いていないか （同じことが書かれていると、自分のことを見てくれていない、何も分かっていない、と子どもや保護者は判断します）
	できれば、学年主任に見せる （客観的に確認してもらいます。自分と子どもをよく知ってもらうことで、何かあったときにも対応してもらいやすくなります）
	管理職に見せる （所見も学校として出すものなので、管理職の確認は必須です。何かあったときにも対応してもらいやすくなります）
	最終の誤字・脱字がないか （つまらないミスがひとつでもあると、教師の努力が伝わらないことがあります）

さらに Step up!

　客観的な振り返りの経験を積むことで、年数を重ねるごとに自分自身の個性と切り口を加えた深みのある所見が書けるようになっていきます。
　せっかく苦労して書いた所見は一覧にして保存し、今後の参考にしましょう。自分自身の成長の記録にもなります。その際、子どもの名前や個人を推定できる部分は、必ず消すようにします。

Chapter3　時期ごと・行事ごとの仕事術

10　成績評価は幅広い観点で！

子どもを正しく評価し、やる気を引き出す

テストの点数だけに偏らず、子どもが納得しやる気を引き出す成績をつけましょう。

ダンドリPoint

成績をつける際に頭を悩ませる教師は少なくありません。成績のつけ方は絶対評価です。学年会議等で方針が決められていることもあるようですが、子どもと保護者が納得できる内容であること、ついた成績からやる気を引き出すことが大切です。成績をつけるのは忙しい学期末ですが、手順を知って効率良くていねいに行いましょう。

成績・完成までの道のりは…

各学期の終業式 1ヶ月前までに	□行事で目立った子どもは、その様子を所見に書く □技能教科・項目のテストやワークシートを実施しておく（体育・音楽・図工・国語の音読）
1ヶ月〜2週間前	□ノートの評価をする □現時点の記録をもとに成績を仮づけする □（2学期以降は）前学期の成績に比べて極端な変化があるか確認 　→ある場合は必要に応じて再検討。個人懇談会（面談）で伝える □書きやすい所から所見を書く（教科・係活動・当番等） □手元にある資料を所見に使用する（図工の作品、国語の作文等）
2週間〜1週間前	□子ども自身による学期末のふりかえりを実施し、所見の参考にする　個人懇談会（面談）の資料としても使用できる □個人懇談会（面談）前に、3段階評価の一番下の成績だけは確定させるのもひとつの方法（保護者に伝えるため） □授業の進度を最終確認し、成績をつける目処を立てる
1週間前〜	□所見と成績のつじつまが合っているか確認 □（2学期以降は）前学期と比べて所見の教科が重なっていないかを確認

※所見の書き方については p.138 を参照してください。

評価のヒント～国語・算数・理科を例に～

　国語はテスト以外の面で子どもの力を見い出したい教科、算数はテスト結果に偏りやすいので留意したい教科、理科は教科書以外の学びの機会が多い教科です。成績をつける際に、教科の特性を考えて取り組みましょう。p.144～p.145に国語・算数・理科の評価で使う資料を参考に載せています。さらに、評価の際のヒントを以下にまとめたので参考にしてください。

国語

□成績は「テスト〇割、その他〇割等、学年方針に沿って作成する。
□取り組んだ時間に応じて、ある程度割合を変える。
□成績作成の基準をあらかじめ決めておくと、保護者からの質問に応じることができる。
　　例）保護者：「なぜ、このような成績なのか？」
　　　　教師：「今学期はテスト〇割、ノート等その他を〇割でつけています。」
□保護者から成績について質問があった場合、具体的に説明できると良い。

算数

□子どもの理解度をテスト等で把握しやすい教科だからこそ、授業での様子や問題を解くプロセスを観察し、評価することが大切。
□算数の公式の導出や、すでに学習したことから新たな気づきを得る発想は、子どもに身につけてほしい力なので評価に値する。点数ばかりに偏らず、子どもの様子を観察しながら、気づいた点を随時記録しておくこと。

理科

□観察や実験技能の評価の割合を大きくしておくと、理科の力を測ることに近づく。
□テストの点数が良い子どもだけが評価されることは避けなければならない。一方で、学校での評価の方針もあるので、状況に合わせる。

★ここが大事★

□どの教科もテストの点数が良い子どもだけが評価されることは避けなくてはなりません。一方で、学校の方針もあるので、状況に合わせましょう。分からないこと、難しいことは同学年の先輩の先生に確認しながら進めましょう。
□テスト結果に偏って評価しないために、指導要録や通知表の観点は学年でそろえておくと良いでしょう。
□最も大事なことは（子どもの頑張り）を本人と保護者に伝えることです。子どもを観察し、良かった点は記録しておきましょう。
□ノートの振り返りの文言、思考の記録も評価（あるいは所見）に入れます。

国語・算数・理科の評価で使う資料

　どのような資料を使って評価をするのかを、3教科（国語・算数・理科）を示します。幅広い観点から成績をつけていきましょう。

● 国 語

観点	チェック	確認項目
知識・理解・技能		テスト・小テストの結果
話すこと・聞くこと		スピーチ・発表会の記録
		日頃の子どもの記録
書くこと		国語のノート（記入内容および作文等）
		漢字ドリル
		漢字練習ノート
		書写や硬筆の作品
読むこと		音読テストの評価
		音読の保護者評価（音読カードの記載等）
		授業中の音読の記録
関心・意欲・態度		授業中の発表の様子
		ノートの記述内容（主に振り返りの部分）
		宿題の提出状況・取り組み内容等
備考欄		

● 算数

観点	チェック	確認項目
知識・理解・技能		テスト・小テストの結果
		授業での練習問題（ノート，プリント等）
		授業中の発言内容（記録を残す）
		技能：授業での作図（随時確認）等
思考・判断		授業での発表・ノート
		見通し：前時の学習よりも手立てを考える力
		考え方：見通しをもとに解決につなげる力
		ふりかえり：学んだことや解き方のコツの記録
		授業中の様子：教え合いや説明
関心・意欲・態度		授業での発表内容
		ノートの記述内容（振り返り等）
		宿題の提出状況・取り組み内容等

● 理科

観点	チェック	確認項目
知識・理解・技能		テスト・小テストの結果
		技能：ノートの観察スケッチ
		技能：キット制作（ある場合）
		技能：実験の進め方
考え方		授業での発表・ノート
		予想：生活体験等から、予想し考える力
		結果から分かったこと：結果→考察につなげる力
		実験計画の立て方：自由に考えさせた時の様子
関心・意欲・態度		授業での発表内容
		ノートの記述内容（振り返り等）
		実験・観察時の様子

Chapter3　時期ごと・行事ごとの仕事術

保護者が満足する個人懇談会（面談）

11 子どもの伸びと課題を共有する

子どもの学校での様子に納得し、家庭で課題の改善に取り組みたいと保護者が思えば、個人懇談会（面談）は成功です。

ダンドリPoint

保護者と対面で話す個人懇談会（面談）は、とても緊張するものです。一方、保護者にとっては子どもの様子を個人的に聞くことができる大きなチャンスです。短時間でも充実したものにするために、事前の準備が肝心です。

個人懇談会（面談）の準備

通知表の作成を役立てる

懇談会前に通知表の作成を済ませておくと、子ども一人ひとりの成長や課題が明確になっているので話しやすくなります。通知表に記載しない子どもの問題点などは別途メモしておき、今後の課題の一つとして話題にすると良いでしょう。

個人懇談会で使う資料の準備

- □ 通知表
- □ テストの綴り
- □ 個別記録ファイル（p.136 参照）
- □ 面談予定表…タイムスケジュールを書いたもの
- □ 本書（もしくは使用するページのコピー）

懇談会会場（教室）などの準備

会場準備
- □ 子どもの机の中を整理させる。（帰りの会でチェック）
- □ 廊下に待ち合いのイスを用意する。（必要であれば机も用意）
- □ 面談予定表を廊下に掲示する。

教師の準備
- □ スーツに着替える。
- □ トイレに行く。
- □ 面談の順番に、子どもの資料を用意する。
  - ※子どもの資料が混ざらないように配置場所を決める。
  - ※他の子どもの資料が見えることのないように配慮する。
  - ※保護者に渡す資料があれば、渡し忘れのないようにチェックシート等を用意する。

個人懇談会での確認事項

保護者に伝える内容

☐ 子どもの学習の到達状況
☐ 学校生活の様子（友人関係等）
☐ 課題がある子どもに対する改善の提案や相談

個人懇談会の流れ　　　　　　　　　　　（一組の所要時間は約10分）

☐ 挨拶
※ どの家庭にも共通して伝える事項や配布する物があれば、先に済ませる
☐ 学習面について
　　・学校での様子を説明　→　・家庭での様子を聞く
☐ 生活面について
　　・学校での様子を説明　→　・家庭での様子を聞く
※ このあたりで、課題がある子どもには改善の提案等を行う。
☐ 家庭で気になること、気づいた点等があるか聞く
☐ まとめ（挨拶）

配慮すること

☐ 基本的に時間厳守
　　・後に続く人を待たせないようにする。
　　・時間がオーバーしそうな時は、別途、機会を設ける等の提案をする。
　　「お時間が近づいているので、後日、改めて機会を設けましょうか？」
☐ 笑顔を意識して印象良く対応する。
☐ 保護者が学校への意見がある場合は、即答しない。
　　「貴重なご意見をありがとうございます。学年主任（副校長や校長）に伝えます。」
☐ 子どもの健康面について、心配な点等はないか確認する。
☐ ［こころの通知表］（p.134参照）を見て、事前に友達関係を把握しておく。
　　※保護者からは、学校での子どもの様子（友達関係）を聞かれることが多い。

Chapter3-11　個人懇談会の実際の流れ（例）

> **この資料を座席の下などに置き、
> いつでも見られるようにしておきましょう！**

	懇談会の流れ	注意点など
1	保護者入室	・笑顔で起立して迎える。「こんにちは。」 ・保護者に着席を促し、教師も同じタイミングか遅れて座る。
	挨拶	・「今日は暑いですね。」（天気や暑さ・寒さ） ・子どもの旬な話題（良いこと）があれば一言入れる。 　「先日の漢字テスト１００点でしたね。」
2	学習面について	〈通知表を見せながら話して良い場合〉 「学習面を中心に、通知表を見ていただきながらお話させていただきます。」 〈通知表を見せない場合〉 「まずは、学習面からお話をさせていただきます。」
	頑張ったことや伸びた点を説明	・この学期の学習到達状況等を説明 　「学習面では、（教科名）をがんばりました。（特筆すべき教科を２、３個取り上げます）特に〇〇が伸びています。」 ・今後の課題について説明（１つだけ伝える） 　「これから伸ばしていくと良いのは、（教科名）の〇〇の部分のようです。△△の部分は分かっているのですが、〇〇は苦手としているようです。」
3	保護者の反応を見て、話を聞く	・ここで一息、保護者の顔色と反応を見て、保護者が話せるタイミングをつくる。「今学期のご家庭での様子は、いかがですか。」と聞き、話し終わるまで傾聴。 ・子どもの良い所や課題について、保護者が感じている話題になることが多い。 ・沈黙になっても意味がある（考えている、言葉を選んでいる等）ので、沈黙に少し耐えてから話を続ける。
	会話を続ける	・どのような話でも、保護者の言葉にできるだけ共感する。 　「（なるほど）……なのですね。これから伸ばしたい部分については、例えば、〇〇をされてみるのはいかがでしょうか。」 　→〇〇の部分には、テストの解き直し、具体的な参考書の名前等、保護者の心配事や要望に対してその場で答えられることがあれば提案する。 ・即答できない場合は、適当に答えないこと。 　「よく検討して後ほどお伝えします。」

4	生活面について	「続いて生活面でのお話です。○○さんは、最近△△さんと☆☆遊びをして過ごすことが多いようです。外遊びが好きなようで▲▲遊びをしている姿をよく見ました。」一人で遊んでいたとしても、正直に伝える。（こころの通知表を見ておく）
	係などの活動について	「○○活動（係・クラブ・その他良い場面）では、△△を頑張っていました。少しずつ☆☆（リーダーシップ等）が身についてきましたね。」
5	家庭で気になる点などについて	「良いことでも気になることでも構いませんが、ご家庭でお気づきのことはありますか？」
	保護者からの話	●本音や気になること、教師への期待が話されることが多い。 ●「貴重なお話が聞けました。ありがとうございます。」
6	まとめ	「本日はお忙しい中、ありがとうございました。○○さんのために私もがんばりますので、ご協力をお願いします。」 →教師と保護者の共同作業であることを暗に伝える。
	保護者退室挨拶	立ち上がり、保護者退室前にもう一度「ありがとうございました。」と深々と数秒頭を下げる。 →この姿勢が心を伝えるために大切。

対応に困ったら…

	対応例
親・友達などの人間関係で気になる話題が出たとき	内容を記憶し、保護者退出後に急いでメモする。 「差しつかえなければ、相手のお子さんの名前を教えて頂けませんか。気をつけて様子を見ておきます。」
学級経営への意見があったら…	〈担任として気をつける点があるとき〉 　「ご意見ありがとうございます。今後そのようなことがないように気をつけます。申し訳ありませんでした。」 〈担任の落ち度とは言えないとき〉 　「ありがとうございます。○○という思いで○○を行っていました。そういった意見もあるということも踏まえて、より良い方法を考えてみます。」
学年（学校）への意見があったら…	「ご意見ありがとうございます。（申し訳ございません。）その件に関して学年の先生や管理職に伝えてみます。」
その場で対応できないとき	「お話を承りました。お時間を考えますと今は対応致しかねます。申し訳ありませんが、改めて時間を設けませんか。」 ●保護者退室後、携帯で職員室に電話してでもいいので、速やかに管理職に報告。内容によっては校長室に突撃される場合もある。

Chapter3　時期ごと・行事ごとの仕事術

道徳の授業を豊かなものにするために

12 子どもの心の成長を記録する

道徳の評価では、個人内評価とエピソード記録を組み合わせて、子どもの心の成長を見ていきましょう。

ダンドリPoint

道徳の授業を通じて、気持ちの変容や心動かされた場面を知っているのは子ども自身です。道徳の評価においては、ワークシートに書かれた子どもの記録に基づく個人内評価をメインにして、教師によるエピソード記録を加えて行うのがおすすめです。

子どもの心の成長を見るために

道徳評価に使うものは主に下記の5点です。

1. エピソード記録（右ページ参照）
2. 各教科書会社の指導書
3. 子どもの道徳ノート、ワークシート
4. 子どもの日常観察の記録（p.76参照）
5. こころの通知表（p.134参照）

道徳の評価は、以下の2点をメインにすると良いでしょう。

①道徳ノート（ワークシート）の記録による個人内評価

道徳ノート（ワークシート）の記録を見直して、教材を通じて自分の心の変化や気づきを発表させると良い。心に刺さった題材、最も心を動かされたところが分かったら、教師はそこを中心に評価すれば、簡潔かつ子どもの学びや成長に則した評価になる。

②エピソード記録（半構造化面接）

あらかじめ決められた質問と、自由質問を組み合わせて、心の変容を聞き取る。教師が一人ずつ聞き取るが、子どもは道徳のノートを見て、授業を思い返しながら話ができるようにする。こうすることで、より言語化された道徳の評価になり、子ども自身の体感に最も近い評価になる。

エピソード記録のつけ方（案）

☐ エピソード聴取の日時の設定

エピソード記録は時間がかかるので、成績提出の3週間前頃から始める。教材が1つか2つ残っている時期だが、時間割を変更して、それらの題材の評価も終えておくようにする。

☐ エピソード聴取のやり方

1人ひとりの話をじっくり聞くことができるように、エピソードを聞く場所は別室を設ける。1人ずつ道徳ノートを持って別室で話す。教室で待つ子どもたちは、漢字ドリルや計算ドリル等のまだ終えていないものに取り組むか、図書室で本を読むように指導する。

※学期末のこの時期には、まだ終わっていないドリルやワークを仕上げる復習時間を設けることがあるので、そのような時間をエピソードを聞く時間に利用すると良い。

エピソード聴取例

①子どもと一緒に道徳ノートをめくりながら発言を引き出す。

◆子どもが戸惑っているときは、ノートの中から豊かな記述が書いてあるところを指して「ここが深まっているように見えるけど、どうかな？」と尋ねる。
◆教師が決めつけず、子どもの発言を引き出すことが大切。（急かさない！）

②より具体的に子どもの本音や感じていることを引き出し、記録する。

◆「○○ってどういうこと？」「そのときの気持ちを詳しく教えてくれる？」等、より具体的な発言を引き出す。
◆子どもの気づきが日常生活の変化に結びついていたらそこを賞賛する。
例）子「挨拶の大切さに気づきました。」
　　教「そう言えば、元気な挨拶をしてくれるようになりましたね！」

指導書を確認し、各題材のねらいに関連することを聞いて、所見の記述につながる発言を子どもから引き出しましょう。所見欄には次のように記載すると良いです。
記載例1）……という話し合いで考えが深まり、……になりました。
記載例2）……の良さに気づくことができました。
記載例3）……について判断ができ、……という実践に至りました。

Chapter3　時期ごと・行事ごとの仕事術

13　新学期までに子どものモチベーションを奮い立たせる
新学期が楽しみになる［魔法のハガキ］

長期休みを経て、学校へ行くのが「いやだな」と思う子どもが「早く学校に行きたい」と感じさせるハガキを送ります。

ダンドリPoint

楽しかった長期休みが明けたばかりの時期は、休み気分が抜けず、授業等になかなか積極的になれない子どもが多いものです。長期休みの終わりが近づく頃に、子どものモチベーションを高める［魔法のハガキ］を送りましょう。

魔法のハガキ
発送のタイミングと内容

・発送のタイミング

長期休みが半分を過ぎて、子どもたちが「もうすぐ休みが終わっちゃうなぁ」という気分になり始める時期に届くように発送する。
- □ 夏休みなら8月上旬頃
- □ 冬休みなら年末年始頃（喪中の人もいる可能性があるので年賀状にしない）

・内容

右ページの例を参考にして、新学期の登校が楽しみになるような内容を載せる。
- □ 必ず「みんなに会えることを楽しみにしています。」を書く。
- □ クイズ形式の内容を載せて、始業式に答え合わせをするのも良い。
- □ 基本的な内容はコピーして使う。ただし、一言メッセージ欄を設けて、手書きメッセージを添える。内容は子ども個人に向けて書いていることが伝わるものがおすすめ。

（一言メッセージ例）
- ・○○くんの元気な声を聞くのが楽しみです。
- ・〜の時の○○さんの発表がすごく良かったです。
- ・忘れ物がグンと減ってがんばってるね。この調子で！

さらに Step up!

ハガキに新学期のはじめに実施するイベントの告知を盛り込むと、登校のモチベーションが高まります。例えば、ドッヂボール大会、羽子板大会、こままわし大会、百人一首勝ち抜き決定戦等、季節の遊びや休み前に学級で盛り上がっていた遊びを企画すると良いでしょう。

魔法のハガキ事例

● クイズやなぞなぞ

夏休みを楽しくすごしていますか？
新学期にみなさんに会えることを楽しみにしています。
では、ここで特別クイズです！

【問題①】
ちょうちょを 9 ひき かきました。
さて、何を使って かいたでしょう？　　【答え】

【問題②】
○○○は 1 日にしてならず。このことわざの○に入る地名は？
1. ローマ　　2. 愛知　　3. ハワイ　　【答え】

答え合わせは始業式の日に！
新学期も楽しく過ごせるよう、みんなでがんばろう！

※ここに一言メッセージを書きます。

【①の答え】チョーク（「ちょう」が「9」）　　【②の答え】1. ローマ

● 暗号解読ゲーム

寒中お見舞い申し上げます！

寒い日がつづいていますが、風邪などひいていませんか？
元気なみなさんに会えるのを楽しみにしていますね。
新学期に楽しいイベントも計画しています。何をするかを暗号にしました。
クラス全員のキーワードを並べると解読できるよ！

きみのキーワードは　□

暗号解読は始業式の日に！
新学期も楽しく過ごせるよう、みんなでがんばろう！

※ここに一言メッセージを書きます。

子どもの人数に合わせた字数で正解の文章を考えます。（30 人なら 30 文字）
例）「新学期の次の晴れの日に先生とみんなでドッジボール大会をするよ」
出席番号順に、キーワードを一文字ずつ書き入れます。

Chapter3　時期ごと・行事ごとの仕事術

慌ただしい年度末をスッキリと乗り切るために

14　冬休み前から年度末を意識

春休みに入ってから教師だけで教室を掃除するのは限界があります。冬休み前から計画的に掃除を進めていきましょう。

ダンドリPoint

春休みは業務が目白押しの時期ですから、春休みに入る前にできることは済ませておきたいものです。中でも掃除は、12月の大掃除を皮切りに、年度末に向けて計画的に行います。年度末までに使う物と使わない物を分けて、使わない物はどんどん片付けていきましょう。

掃除は計画的に

12月

年末大掃除
- □冬には使わない物…例）扇風機はそうじ後、袋をかけておく。
- □3学期（3月まで）に使わない資料や教材を少しずつ処分する。

1～2月

- □絵の具セット、習字道具等は年度内の使用が済んだら持ち帰る。
- □ロッカーや机の中、お道具箱の中等、使わない物は持ち帰る。
- □掲示物は不要になった物から外す。（掃除の時間や放課後に行う）
- □子どもに返却する物（掲示物やファイル等）は順次持ち帰らせる。
- ※終業式までに渡す物（賞状等）は、早めに渡す。
- ※空いたスペースができたら掃除を進める。
- ※教師の机の中も使わなくなった物から片づける。

【終業式前日までに手提げ袋を用意するように指示】

終業式前日

- □終業式に使う物以外、すべて持ち帰るように指示する。
- ※お道具箱や傘等も忘れないこと。

終業式当日

- □成績表を持ち帰る。
- □教室内に子どもの物が残っていないか確認する。
- □下校時は上靴や傘等もチェック…子どもと一緒に校門前まで同行する。
- ※子どもが下校した後は、掲示物を全て外した状態にして教室を閉める。

教室を次の教師に渡すまでにすること

● 子どもと一緒にできること

　子どもにただ任せるのではなく、教師も参加して、隅々まで丁寧に掃除するよう指導しましょう。ぞうきんの使い方など、日頃の掃除指導が行き届いていると、年度末に慌てなくて済みます。

	ワックスがけの手伝い（高学年のみ）
	児童用ロッカーのそうじ
	廊下のロッカーの水拭き
	児童用机の水拭き
	靴箱のそうじと水拭き
	ゴミ箱のそうじ

● 教師がすべきこと

	ワックスがけ
	自作の掲示物をすべてはずす
	教師用ロッカーのそうじ
	教師机の水拭き
	黒板の上や背面黒板の水拭き
	靴箱のそうじと水拭き（子どもの手が届かない高いところは教師が担当する）
	黒板の乾拭き・チョーク入れのそうじ（新しいチョークを数本入れる）
	壁などに残ったセロハンテープ、シール、押しピン等がないかをチェック
	新しいぞうきんのセット

Chapter3　時期ごと・行事ごとの仕事術

失敗は怖くない！経験があなたの力量を上げる!!

15　力量形成のため
新たな1年間の見通しを立てる

教師は人と向き合う仕事ですから、思いどおりにいかないこともあるでしょう。だからこそ、経験を自分の力に変えてください。

ダンドリPoint

たくさんの業務をこなしながら、常に子どもたちの様子に目を配らなければならない教師の仕事は、マニュアルどおりにいくものではありません。だからこそ、経験から学び、良かった点は次年度以降に生かし、反省から改善点を見いだして新たな挑戦へつなげましょう。この繰り返しで、力量形成されていくのです。

成功例と失敗例を生かせば、必ずダンドリ力が上がる！

新人の先生であれば、あっという間に1年が過ぎていくことでしょう。3月の終業式で「やっと終わった……」と思ったら、すぐに新たな年度が始まります。1年前の自分と比べれば確実に成長しているはずです。学校の業務は基本的に年度始め～年度末という区切りがあり、内容もある程度は決まっています。いろいろなことがあった1年間、良かった点も反省点も次に生かすことができるポイントが満載です。

自分の業務の取り組みの中から、
●良かった点
●反省点
●考察
の記録を残せば、必ず次の経験に生かすことができます。
この繰り返しで、ダンドリ力UP！
きっと、いろいろなことがスムーズに進められるはずです。

昨年度は想定よりいろんな準備に時間がかかって大変だったんだよ。反省点ばかりだよ。

私もよ。でも、楽しいこともたくさんあったわ。今年度は、もっと余裕をもって取り組みましょうね！

1年の記録を見返すことで、当時の記憶が鮮明によみがえり、何をすべきかが、よく見えるはずです。次年度のために、気づいたことはどんどん記録しましょう。

教室を次の教師に渡すまでにすること

● 子どもと一緒にできること

　子どもにただ任せるのではなく、教師も参加して、隅々まで丁寧に掃除するよう指導しましょう。ぞうきんの使い方など、日頃の掃除指導が行き届いていると、年度末に慌てなくて済みます。

	ワックスがけの手伝い（高学年のみ）
	児童用ロッカーのそうじ
	廊下のロッカーの水拭き
	児童用机の水拭き
	靴箱のそうじと水拭き
	ゴミ箱のそうじ

● 教師がすべきこと

	ワックスがけ
	自作の掲示物をすべてはずす
	教師用ロッカーのそうじ
	教師机の水拭き
	黒板の上や背面黒板の水拭き
	靴箱のそうじと水拭き（子どもの手が届かない高いところは教師が担当する）
	黒板の乾拭き・チョーク入れのそうじ（新しいチョークを数本入れる）
	壁などに残ったセロハンテープ、シール、押しピン等がないかをチェック
	新しいぞうきんのセット

Chapter3　時期ごと・行事ごとの仕事術

15　力量形成のため
失敗は怖くない！経験があなたの力量を上げる!!

新たな1年間の見通しを立てる

教師は人と向き合う仕事ですから、思いどおりにいかないこともあるでしょう。だからこそ、経験を自分の力に変えてください。

ダンドリPoint

　たくさんの業務をこなしながら、常に子どもたちの様子に目を配らなければならない教師の仕事は、マニュアルどおりにいくものではありません。だからこそ、経験から学び、良かった点は次年度以降に生かし、反省から改善点を見いだして新たな挑戦へつなげましょう。この繰り返しで、力量形成されていくのです。

成功例と失敗例を生かせば、必ずダンドリ力が上がる！

　新人の先生であれば、あっという間に1年が過ぎていくことでしょう。3月の終業式で「やっと終わった……」と思ったら、すぐに新たな年度が始まります。1年前の自分と比べれば確実に成長しているはずです。学校の業務は基本的に年度始め〜年度末という区切りがあり、内容もある程度は決まっています。いろいろなことがあった1年間、良かった点も反省点も次に生かすことができるポイントが満載です。

自分の業務の取り組みの中から、
- ●良かった点
- ●反省点
- ●考察

の記録を残せば、必ず次の経験に生かすことができます。
この繰り返しで、ダンドリ力UP！
きっと、いろいろなことがスムーズに進められるはずです。

1年の記録を見返すことで、当時の記憶が鮮明によみがえり、何をすべきかが、よく見えるはずです。次年度のために、気づいたことはどんどん記録しましょう。

ダンドリ力UP！の
仕事のヒント集を作る

　日々、仕事を通して成功、失敗を経験するでしょう。それらの経験をその時だけのものにせず、次へ生かすためのヒントとして記録を残しておくと、必ず自分の力量を上げる大きな力になります。

　［うまくいったこと］［反省点］を、記録する習慣をつけると良いでしょう。その際に、かならず［考察欄］を設けて、なぜうまくいったのか、なぜうまくいかなかったのかについて自身で考察します。その内容は、必ず次回に使えます。本書に書き込むのも一つの方法です。

　以下は、こうした仕事の記録［仕事のヒント集］の一例です。1年間で、どれくらいのヒントを集めることになるでしょう。このヒント集は必ずあなたの財産になるはずです！

仕事のヒント集

記載日：〇月×日　　運動会にて	
●うまくいったこと	考察
自分のクラスが一番最初に、校庭で整列をすることができた。	事前の準備がしっかりできた。目標を見据えて取り組んだのが良かった。
●反省点	
自分が監督担当の競技の時、転んでけがをした子どもに付き添って、配置につくのが遅れてしまった。	すぐに、保健担当者につなげばよかった。 6年生の保健係に頼めば良かった。

記載日：　　月　　日	
●うまくいったこと	考察
●反省点	

157

おわりに

今、本書をお使いの皆様へ

　教師になりたての自分が困ったことや、執筆中に「あぁ、こんな風に解決したんだな…。」という思い出からの気づきが本書には詰まっています。本書を手元に置かれ、都度ご覧になることで、私や私と関わった方と同様に、教師人生を好転させ、雪だるま式にどんどん成長していただけるよう願っています。有効に活用してください。

本書をすでに卒業された皆様へ

　教師として成長され本書を卒業された後に、もう一度本書が役に立つことがあります。それは、あなたが後進の先生を指導することになったときです。教員経験がまだ浅い先生に、基本のキから教えるとき、本書を使って指導すると、準備等の時間がかからず教育効果の高い指導資料となります。
　私も教師としての経験を重ね、いつしか若手教員に指導する立場になりました。しかし、若手教員へ丁寧に指導していこうとすると、大変な労力を要しました。きちんと説明し指導しようとすればするほど、寝る時間を削らねばならないほど準備に手間がかかりました。数年間は、そうした「寝る時間を割いた親身な準備」を行いました。しかし、これをずっと継続することは体力的にも精神的にも不可能でした。

　本書では、そのような全力を傾けた指導の中で特に大切と思われる部分を盛り込んでいます。
　若手教師に指導する際に、本書をもとにして学校の実態に合うようアレンジして指導することで、少しでも指導のための時間が短縮され、皆様の負担軽減につながればと思います。

そして、生み出した時間の活用を

　私は、ダンドリよく仕事を進めることで生み出した時間を、働きながら大学院に通う、臨床心理士の資格を取得、ニューヨークに派遣され海外の事情を学ぶ…など、さまざまな学びに繋げていきました。実践も多方面に渡り、2012年ごろからは、毎年のように自分の実践を新聞社等に取材していただく機会を得ることもできました。また、学年団として組んだ若手教師や指導を請いに来られた教師たちも、それぞれの場で私を超えるほどに活躍しています。
　あなたのご活躍を期待しています。

・・・・・・・・・・・・・・・・・・・・・・・・・・・・・・・・・・

謝辞
　私とこれまでかかわってくださった宮前慎一元校長、栗田稔生校長、吉田典子校長から大いに刺激を受け、お一人お一人の教育への情熱をはじめとした生き方すべてが学びとなりました。本書を書き始めたときにCST（コア・サイエンス・ティーチャー）研修のメンバーとしてご一緒した芝崎貴俊先生、畑中真一先生、甲斐奈緒子先生は、「こんな素晴らしい先生がいらっしゃるのだ」という理想の教師像のモデルと言うべき方々で、本書内容にも影響を与えています。また、社会経験豊富な新任教員の土橋悦子先生には初任者のもつひたむきさの刺激とご助言を頂きました。また、教え子の存在なしに教師の成長はありません。私を成長させてくれた教え子たちに感謝します。
　そして、「ずっと手に取ってもらえる本を作りましょう」と数年に渡り粘り強く支えてくださった（株）学研教育みらいの石井清人さんの真摯な姿勢に大いに発奮しました。丁寧で的確な編集をしてくださったエアインフィニティー（株）の岡本侑子さん、かわいいイラストと親しみやすい紙面をつくってくださった吉岡朋子さんに感謝します。
　最後に現在73歳で心臓にペースメーカーをつけながらフルタイムで高校教員をこなし、教え子に慕われる父への尊敬をこめて謝辞の結びと致します。

著者　村上仁志（むらかみ・ひとし）

1977年生まれ。
大阪市立みどり小学校教諭。臨床心理士。
大阪教育大学小学校課程理科専攻卒業後、小学校教諭として働く。その後、学校現場で働きながら兵庫教育大学大学院で臨床心理学を学ぶ。平成24年には、独立行政法人教員研修センター海外派遣にてニューヨーク州を中心とした生活指導・教育相談研修を経験する。さらに、平成29年コアサイエンスティーチャー（CST：理科教育を推進する中核教員）G-2取得。また、エネルギー教育モデル校運営代表として平成31年電気新聞社主催エネルギー教育賞優秀賞を受賞。2012年より教育漫才によりNHK報道、毎日小学生新聞、産経新聞他の教育実践取材も多数受ける。市教育委員会初任者研修の講師を務めるなど活躍中。

教育ジャーナル選書

小学校学級担任のダンドリ仕事術

2019年3月26日　第1刷発行

発行人／甲原　洋
編集人／木村友一
企画編集／石井清人

発行所／株式会社　学研教育みらい　〒141-8416　東京都品川区西五反田2-11-8
発売元／株式会社　学研プラス　〒141-8415　東京都品川区西五反田2-11-8
印刷・製本所／中央精版印刷株式会社

■協力者一覧
装丁・デザイン・イラスト／吉岡朋子
編集協力／エアインフィニティー株式会社（岡本侑子）、小林勝子、松岡ひろみ、丸山優子

この本に関する各種お問い合わせ先
【電話の場合】　●本の内容については　Tel 03-6431-1563（編集部直通）
　　　　　　　●在庫については　Tel 03-6431-1250（販売部直通）
　　　　　　　●不良品（落丁、乱丁）については　Tel 0570-000577　学研業務センター
　　　　　　　　〒354-0045　埼玉県入間郡三芳町上富279-1
　　　　　　　●上記以外のお問い合わせ　Tel 03-6431-1002（学研お客様センター）
【文書の場合】　〒141-8418　東京都品川区西五反田2-11-8　学研お客様センター
　　　　　　　「小学校学級担任のダンドリ仕事術」係

©Hitoshi Murakami 2019 Printed in Japan
本書の無断転載、複製、複写（コピー）、翻訳を禁じます。

本書を代行業者等の第三者に依頼してスキャンやデジタル化することは、たとえ個人や家庭内の利用であっても、著作権法上、認められておりません。

学研の書籍・雑誌についての新刊情報・詳細情報は、下記をご覧ください。
学研出版サイト　http://hon.gakken.jp/
※この本は下記のように環境に配慮して制作しました。
CTP方式、環境に配慮して作られた紙